글 김성화·권수진

부산대학교에서 생물학, 분자생물학을 공부했습니다. 《과학자와 놀자》로 창비 좋은어린이책 상을 받았습니다. 첨단 과학은 신기한 뉴스거리가 아니라 물리 법칙으로 가능한 과학 세계의 이야기라는 것을 들려주려고 '미래가 온다' 시리즈를 쓰기 시작했고, 지금까지 《미래가 온다, 로봇》, 《미래가 온다, 나노봇》, 《미래가 온다, 뇌 과학》, 《미래가 온다, 바이러스》, 《미래가 온다, 인공 지능》, 《미래가 온다, 우주 과학》, 《미래가 온다, 게놈》, 《미래가 온다, 인공 생태계》가 출간됐습니다.
《고래는 왜 바다로 갔을까?》, 《과학은 공식이 아니라 이야기란다》, 《파인만, 과학을 웃겨 주세요》, 《우주: 우리우주에 무슨 일이 있었던 거야?》, 《지구: 넓고 넓은 우주에 기적이 하나 있어》, 《뉴턴》, 《만만한 수학: 점이 뭐야?》 등을 썼습니다.

그림 이철민

출판 기획 또는 글을 쓰는 그림 작가입니다. 1994년부터 다양한 이슈를 다루는 저널, 광고 그리고 아이들을 위한 동화에 그림을 그렸습니다.
그린 책으로 《박문수전》, 《이순신과 명량대첩》, 《창경궁의 동무》, 《여우누이》, 《내 이름》, 《미래가 온다, 로봇》, 《미래가 온다, 미래 에너지》가 있으며, 쓰고 그린 책으로 일상을 담은 수필집 《글그림》을 출간했습니다.

미래가
온다

인공 지능

와이즈만 BOOKs

미래가 온다 인공 지능

1판 1쇄 발행 2019년 11월 20일 | 1판 10쇄 발행 2025년 4월 15일

글 김성화 권수진 | 그림 이철민 | 발행처 와이즈만 BOOKs

발행인 염만숙 | 출판사업본부장 김현정 | 편집 김예지 양다운 이지웅
기획진행 임형진 | 디자인 권석연 | 마케팅 강윤현 백미영 장하라

출판등록 1998년 7월 23일 제1998-000170 | 제조국 대한민국
주소 서울특별시 서초구 남부순환로 2219 나노빌딩 5층
전화 마케팅 02-2033-8987 편집 02-2033-8983 | 팩스 02-3474-1411
전자우편 books@askwhy.co.kr | 홈페이지 mindalive.co.kr | 사용연령 8세 이상
ISBN 979-11-87513-85-8 74500 979-11-87513-57-5(세트)

미래가 온다

인공지능

김성화·권수진 글 | 이철민 그림

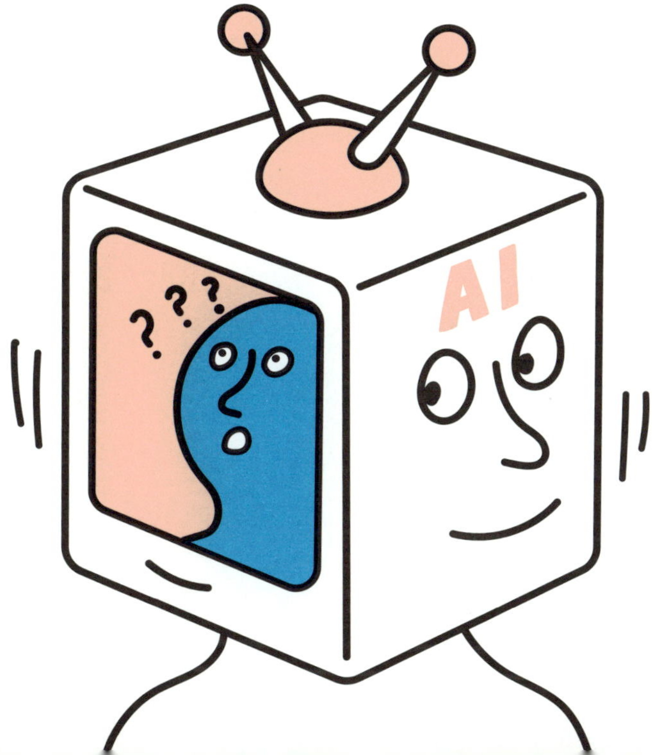

티틱탁탁 티틱탁탁…….

아웅! 일할 시간이야.

인간이 나를 두드리고 있어!

나는 바빠. 나는 때때로 정신이 나가 있지만 – 정신이라는 게 나에게 있다면 말이야 – 인간이 '전원'을 꽂으면 단박에 깨어나. 그리고는 쉬지 않고 일하는 거야. 인간이 '종료'를 누를 때까지.

나는 굉장히 유명한 물건이지만 처음 태어났을 때에는 몇몇 과학자들밖에 나를 몰랐어.

나는 커다란 교실만큼 컸어! 그때가 좋았는데! 인간들이 눈을 휘둥그레 뜨고 어찌나 놀라던지. 나의 위용에 주눅이 들고 나의 능력에 감탄하고 또 감탄했지.

정말 기분이 좋았어. 아무나 나를 가질 수 없고 아무나 나를 사용할 수 없기 때문에 나는 무척 비밀스러웠거든.

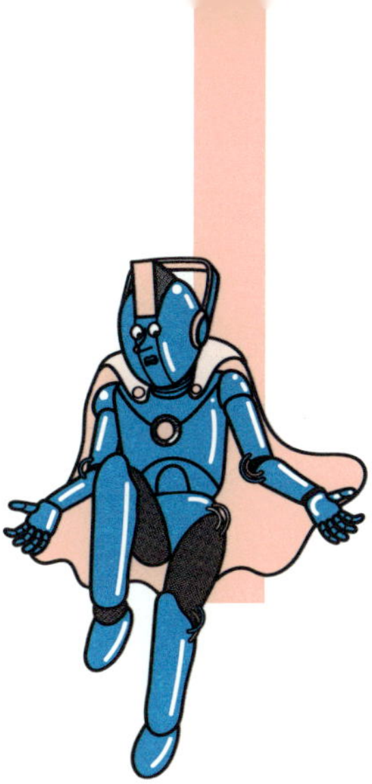

40년쯤 전부터 나는 점점 작아지기 시작했어. 인간의 책상 위에 다소곳이 앉아 있게 되었다니까! 나는 사람들의 직장 동료가 되었고, 가족이 되었어. 텔레비전처럼 가정집에서 살게 된 거야.

지금은 내가 너무 만만해졌어. 코흘리개 아이들도 나를 주무르고 있다고! 그렇다고 녀석들이 나를 궁금해하지는 않는 것 같아.

나는 세상에서 가장 강력한 기계야. 내가 태어났을 때 나는 겨우 커다란 계산기였지만, 나를 만든 사람들은 내가 장차 위대한 기계가 될 거라는 걸 알고 있었어. 내가 무엇을 하게 될지, 나 때문에 세상이 어떻게 바뀔지 나도 궁금해.

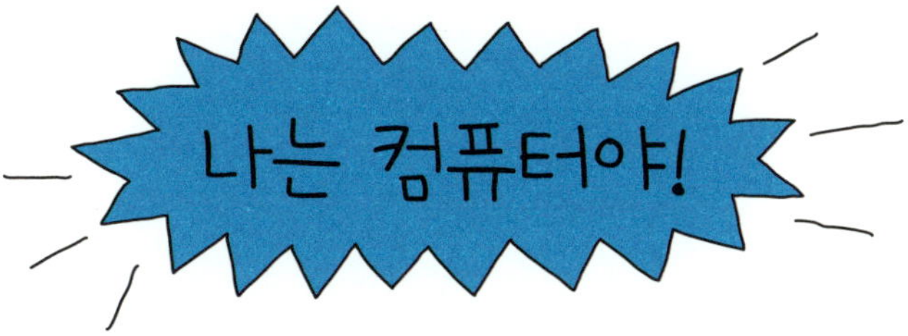

차례

AI

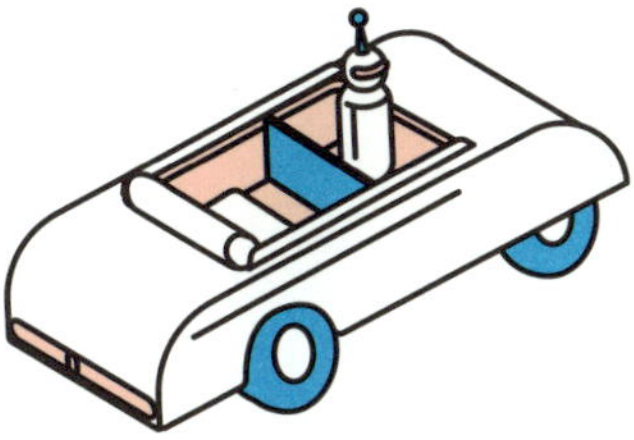

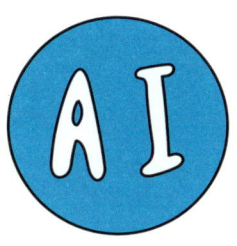

01
알파고가 나타났다!

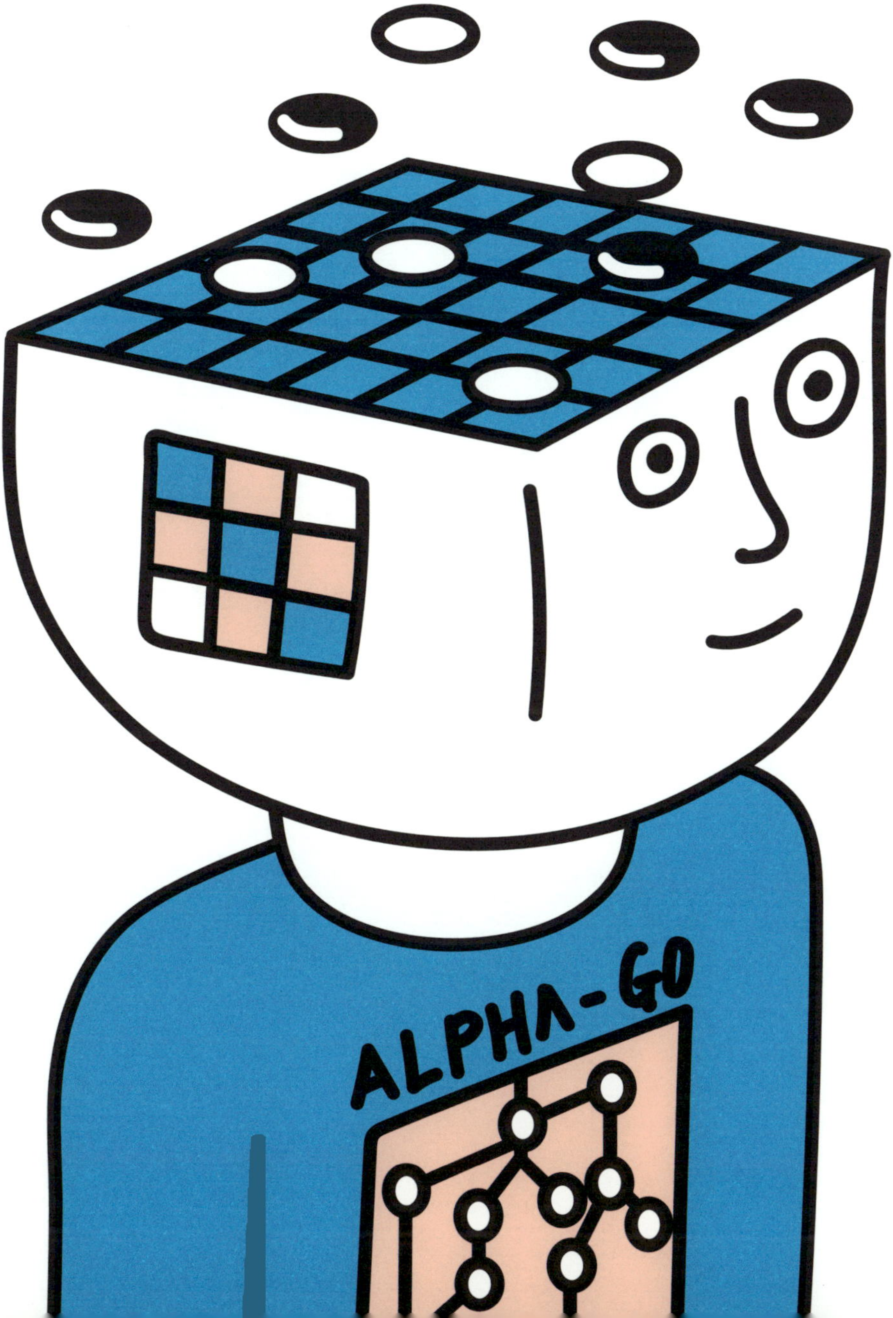

2016년 3월 9일, 그놈이 나타났어!

인간과 맞서 바둑 경기를 치를 인공 지능! 최고 성능의 서버 300대를 웅웅 돌리는 컴퓨터 프로그램 알파고 말이야!

컴퓨터가 바둑으로 인간 최고 고수를 이길 수 있을까?

아무리 계산이 빨라도 기계일 뿐이야. 바둑은 컴퓨터에게 너무 어려워.

정말 그럴까? 알파고의 실력은 어느 정도일까?

알파고를 개발한 디프마인드 회사조차 알파고의 능력을 제대로 알지 못했어. 하지만 이세돌 9단이 얼마나 대단한지는 누구나 알고 있었지.

세기의 대결

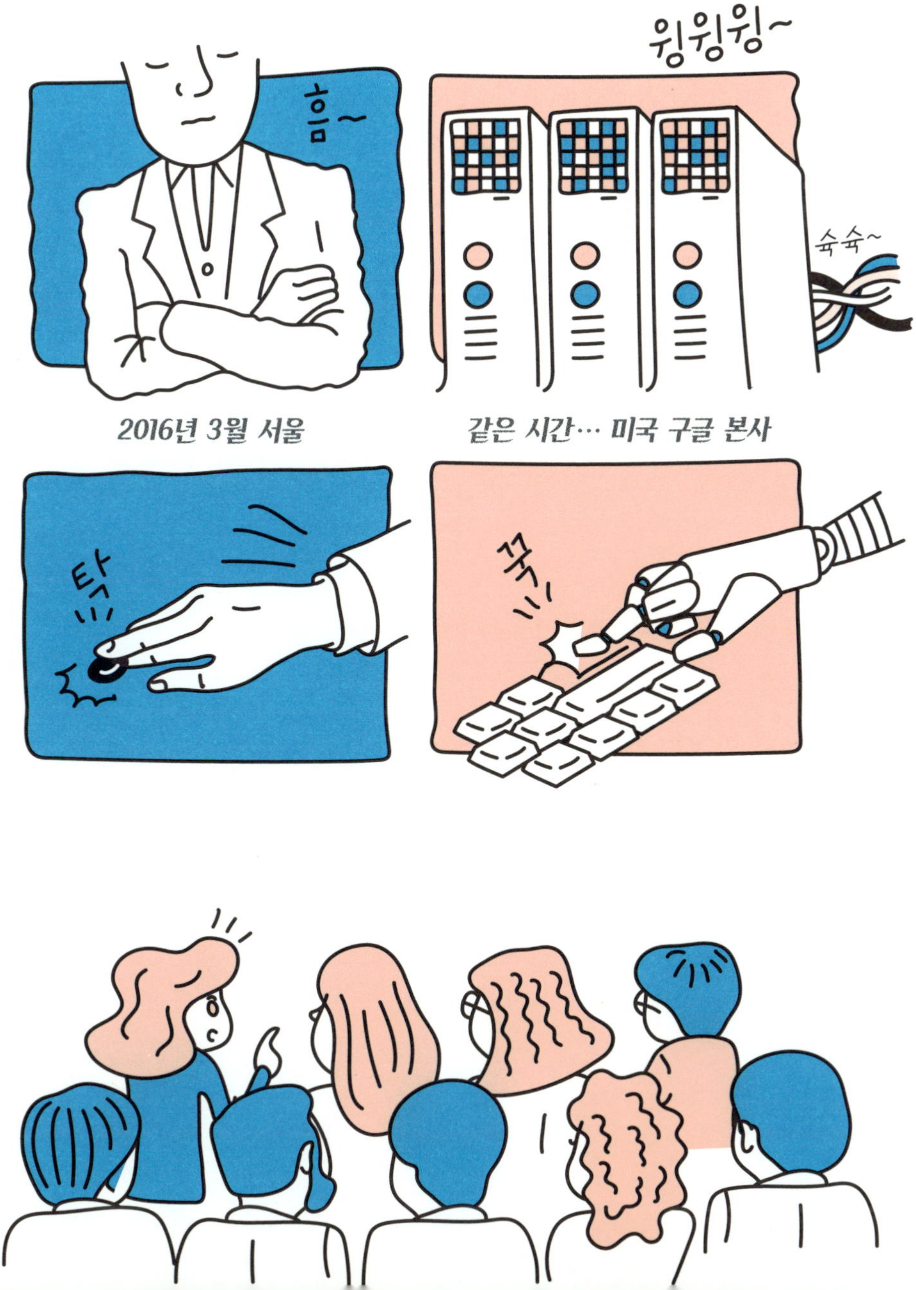

알파고가 웅웅 돌아가!
컴퓨터 화면에 알파고의 첫 수가 나타나!
30초 만에 척! 또 30초 만에 척!
가로줄 세로줄 바둑판의 눈금이 보여?
바둑판은 교차점이 모두 361개야. 바둑알을 모두 361개 점에 놓을 수 있어. 여기, 저기? 어디가 좋을까? 그걸 모두 계산하고 비교하고 예측하려면 세계 최고의 슈퍼컴퓨터라도 시간이 모자라. 바닷가의 모래알보다 훨씬, 훨씬, 훨씬 더 많은 가짓수를 계산해야 하거든! 바둑이 탄생한 이래 수많은 사람들이 수없이 게임을 했지만 똑같은 판이 한 번도 없었어!
하지만 아무리 가짓수가 많아도 인간에겐 문제가 안 돼. 모든 수를 다 계산하고서 바둑을 두는 게 아니기 때문이야.
사람에게는 우주에서 가장 학습 능력이 뛰어난 뇌가 있어.
경험과 직관과 영감으로 뇌가 판단해.
둥둥 둥둥!
세계 최고의 바둑 고수 이세돌은 어떻게 경기를 펼칠까?
최신 인공 지능 프로그램 알파고는 어떻게 맞설까?
"어떻게 됐는데?"

빰빠라밤!

"우와! 알파고가 네 번 이겼어!"
다섯 번 경기를 했고 알파고가 네 번 이겼어!
알파고를 만든 사람만 빼고 모든 사람들이 당황하고
슬퍼하고 놀랐어.
"그래도 사람이 한 번은 이겼잖아!"
맞아. 하지만 이제 다시는 사람이 이기는 일은 없을 거야.
"왜?"
알파고는 경기가 끝난 뒤에 더욱 강해졌어. 알파고들끼리
끝없이 대결하면서 거의 무한대로 데이터를 쌓고 실력을
키웠거든.
바둑 대회가 끝나고 사람들이 알파고에게 프로 기사
명예 9단 단증을 수여했어.

당신은 평소 바둑을
열심히 연구하고, 바둑인으로서
힘써 인격을 닦고 길러서 바둑의 품격이
신의 경지에 이르렀으므로
9단임을
인정합니다.
알파고
짱!

하지만 알파고의 진정한 실력은 아무도 몰라!

"왜?"

알파고는 실력을 다 쏟아 붓지 않고 딱 상대에게 이길 만큼만 둘 뿐이거든.

알파고는 지구의 프로 9단들을 모두 이겨.

"그럼 100단이야?!"

아니, 1000단쯤 될지도 몰라!

02
컴퓨터만 인공 지능이 될 수 있어!

망치는 인공 지능이 될 수 없어. 빗자루도 인공 지능이 될 수 없고. 시계도 프라이팬도 인공 지능이 될 수 없어.

알파고가 인공 지능이 된 건 컴퓨터이기 때문이야. 컴퓨터가 없다면 천 년이 지나도 만 년이 지나도 인공 지능이 어쩌구저쩌구 하는 일은 결코 없을 거야.

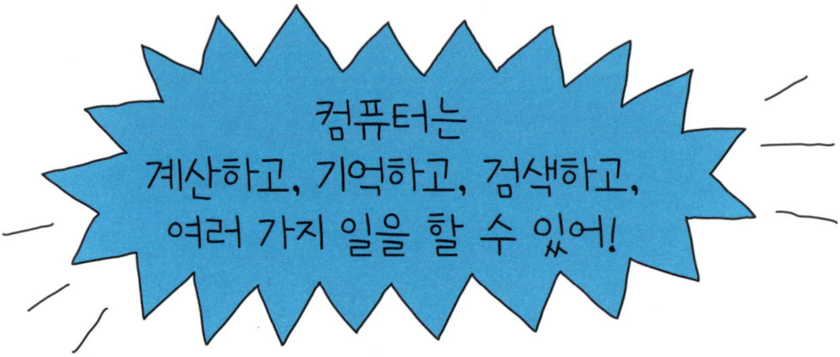

컴퓨터는
계산하고, 기억하고, 검색하고,
여러 가지 일을 할 수 있어!

전기밥솥은 밥만 하고, 세탁기는 빨래만 해. 전기밥솥이 빨래를 하고, 세탁기가 밥을 하는 일은 절대 없어. 컴퓨터는 달라!

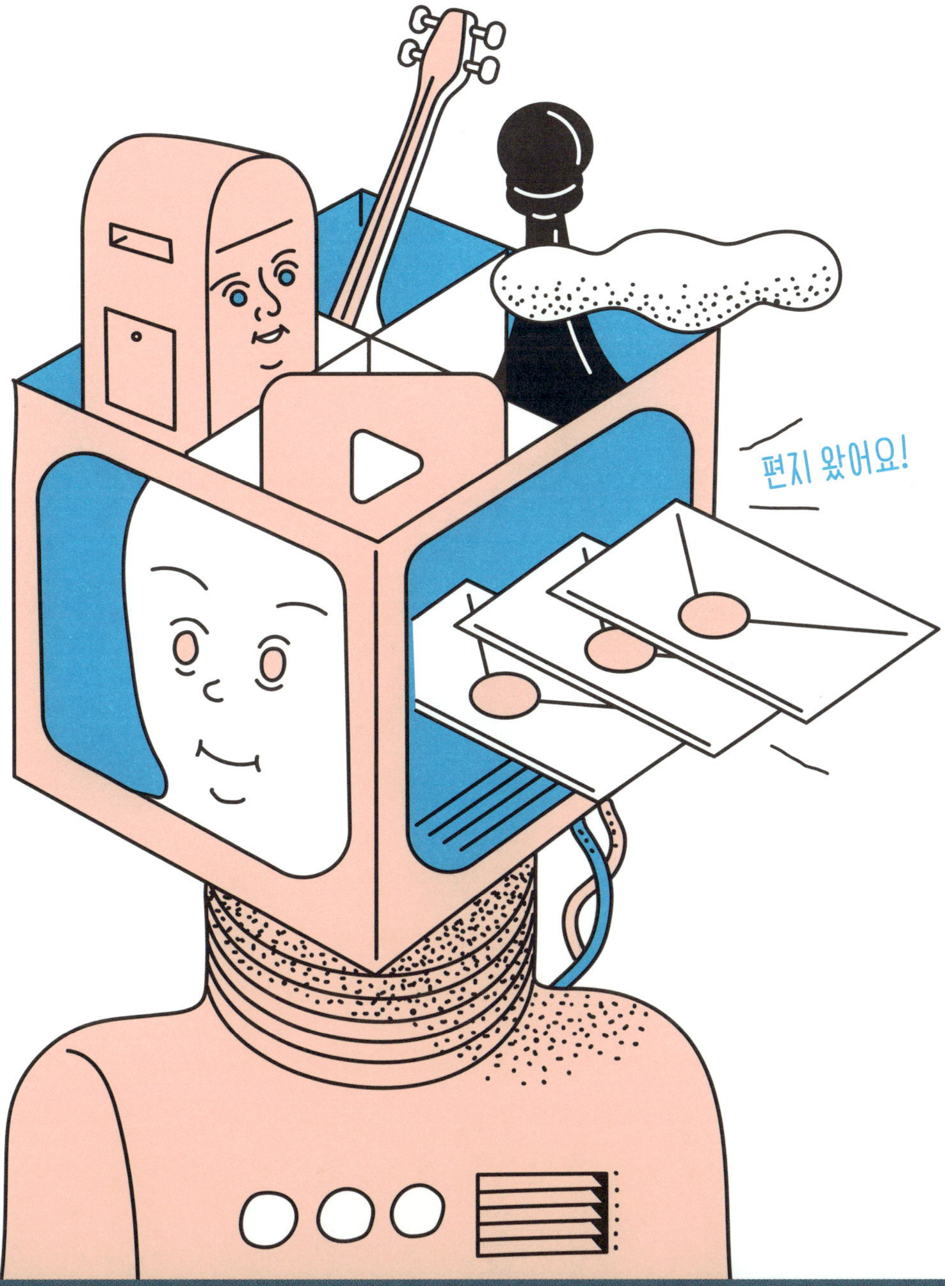

컴퓨터는 원고지가 되고, 영화관이 되고,
악기가 되고, 백과사전이 되고,
우체국이 될 수 있어!

컴퓨터는 어떻게 여러 가지 일을 할 수 있을까?
컴퓨터는 하드웨어와 소프트웨어로 되어 있어.
하드웨어가 어떻게 생겼는지 본 적 있어?
"그건 네모난 박스잖아!"
아니!

하드웨어의 진정한 모습은 딱딱하고 네모난 껍데기 안에 숨어 있어.

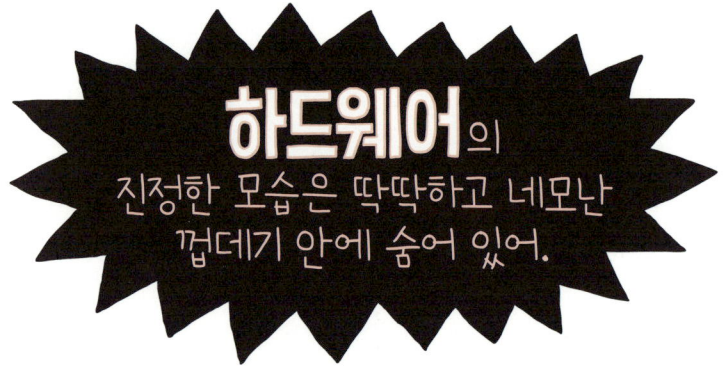

네모 상자 속을 제대로 본 아이들은 별로 없을걸. 하드웨어 속에는 손톱만 한 크기의 칩이 잔뜩 있고, 그 속에 작고 멋진 발명품 트랜지스터가 수십억 개 들어 있어.
컴퓨터 전원을 켜면 트랜지스터 속에 전기가 흐르고 전자들이 움직여. 네가 키보드를 누를 때, 노트북 화면을 손가락으로 톡톡 칠 때, 눈에 보이지 않는 조그만 전자들이 하드웨어 속에서 왔다갔다 바쁘게 일해.

뜯어볼까?
우웅!
우웅!

최첨단 하드웨어가 있어도 **소프트웨어**가 없다면 컴퓨터는 커다란 깡통이나 다름없어! 컴퓨터에는 멋진 소프트웨어가 저장되어 있어. 윈도우, 리눅스, 워드프로세서, 파워포인트, 컴파일러, 웹브라우저……. 이런 것들 말이야. 컴퓨터는 소프트웨어 프로그램을 많이 저장할 수 있고, 그래서 컴퓨터가 특별한 거야.

위이이이잉! 차르륵 차르륵! 컴퓨터가 동영상을 틀고, 게임을 수행하고, 그림을 그려. 사진을 저장하고, 인터넷을 검색하고, 문서를 편집하고, 이메일을 보내!

마법을 부리듯

척척척!

소프트웨어의 지시에 따라 하드웨어가 일을 해!

컴퓨터만큼
대단한 기계는
이 세상에 없어!

03
컴퓨터 언어

01010101010101010101

컴퓨터는 귀도 없고, 눈도 없고, 입도 없어. 그런데 어떻게 명령을 내리고 명령을 알아들을까?

컴퓨터가 쓰는 특별한 언어가 있어. 한국 사람은 한글을 쓰고, 영국 사람은 영어를 쓰고. 컴퓨터는 기계어를 써!

바로바로,

0과 1이야!

"헐! 겨우?"

겨우 0과 1, 두 개뿐이야!

네가 컴퓨터 자판을 두드릴 때, 화면에 그림을 그릴 때, 입력하는 모든 글자와 숫자와 기호와 그림이 0과 1로 바뀌어서 컴퓨터에 저장되고 있어.

기호 두 개면 돼!

A는 1000001이야.

B는 1000010이야.

C는 1000011이야.

KIM은

100101110010011001101이야.

네가 0과 1로 일기를 쓴다면…….

'나는 밥을 먹었습니다.'만 써도 한 쪽이 다 차.

"우와! 그럼 좋겠어!"

0과 1은 대단한 기호야. 영어도, 한글도 아프리카 말도, 외계인의 말도 겨우 0과 1로만 나타낼 수 있어. 0과 1로 기계에게 온갖 명령을 할 수 있어. 겨우 기호 두 개로 컴퓨터에게 계산하고, 검색하고, 저장하고, 무언가를 처리하라고 명령을 내려.

350년쯤 전에 **라이프니츠**가 발명했어.

1666년 어느 날….

라이프니츠는 외교관이고, 법률가이고, 계산기를 발명한 발명가이고, 철학자이고, 신학자이고, 수학자였어.
라이프니츠는 괴상한 생각을 했는데, 말과 글을 수학같이 바꾸고 싶어 했어.
라이프니츠는 수학을 좋아해. 말과 글은 오해를 낳기 쉽지만 수학은 확실하고 변하지 않아. 2 + 2를 오해하는 사람은 아무도 없어.
말과 글을 숫자로 바꿀 수 있다면, 수학처럼 바꿀 수 있다면, 누구의 말이 옳은지 계산하고 증명도 할 수 있을 텐데……. 남편과 아내가, 친구와 친구가, 다른 나라 사람끼리도 서로 오해가 없고 싸움도 줄어들 거야.

라이프니츠의 생각은
드높이 날아
마침내
어딘가에 이르렀어.

그건 0과 1만 사용하는

이진법 세계야!

기호 두 개면
완벽하게 충분해!

0과 1만으로 모든 생각과

말을 나타낼 수 있어.

콩 넣지 말랬지!
나는 콩이 싫다고!
콩이 들어간 요리는
안 먹을 거야.
절대로 입에 넣고 싶지 않아.
아무튼 마음에 안 들어.
도대체 콩은
왜 심는 거야?

0과 1을 가지고 세상 모든 언어와 숫자와 기호를 나타낼 수 있다는 건 정말 획기적인 생각이었어.
0과 1만으로 아라비안나이트를 쓸 수 있고, 길고 긴 수학 방정식도 증명할 수 있어. 세상 모든 이야기와 아직 나오지 않은 이야기도 0과 1만으로 쓸 수 있어. 그러려면 0과 1을 끝없이 섞어야 하고, 0과 1의 줄이 끝없이 늘어나겠지만 걱정 마. 우주는 끝없이 넓으니까!

04
깜빡깜빡 트랜지스터의 비밀

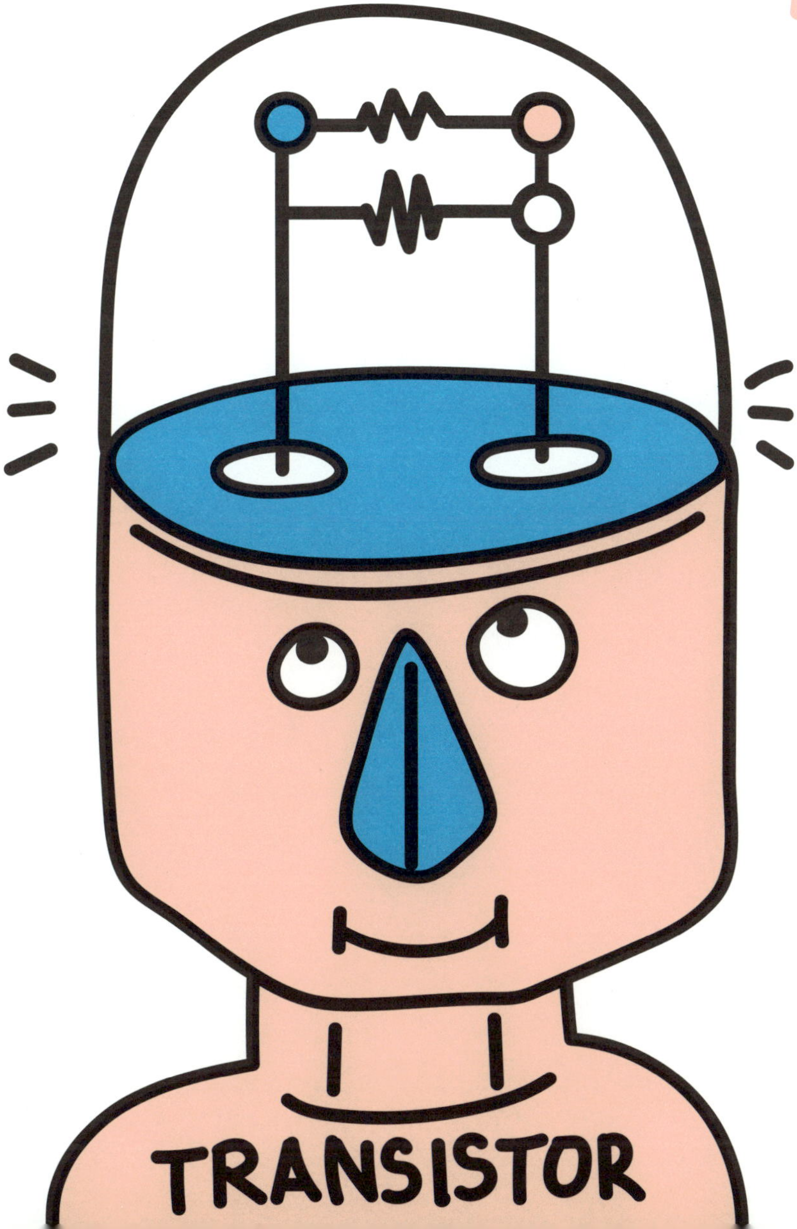

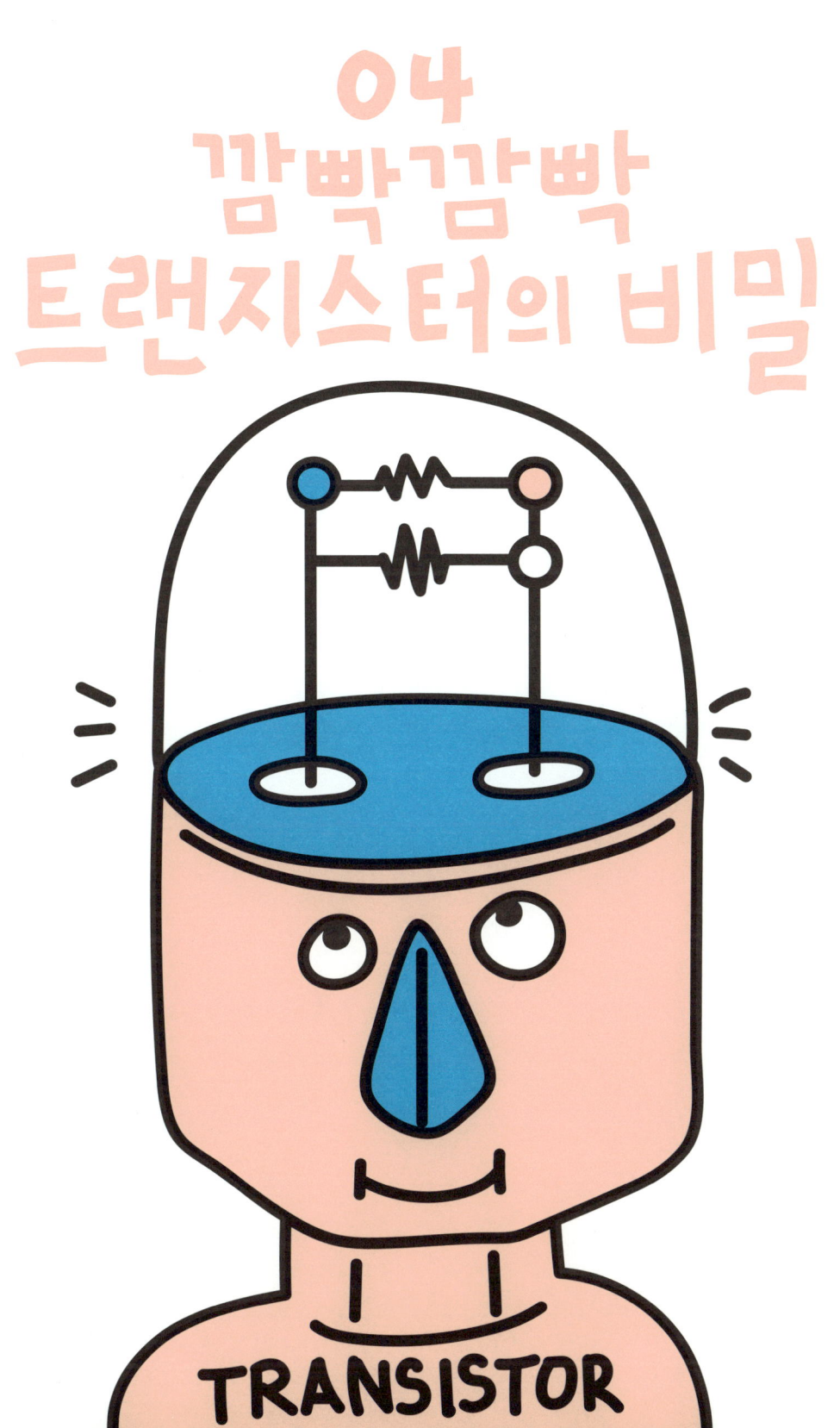

라이프니츠가 발명한 이진법 수가 300년 뒤에 컴퓨터 언어가 되었어!
컴퓨터가 처음 생겼을 때는 모든 프로그램을 0과 1로 짰어. 지금은 인간이 조금 더 사용하기 쉬운 프로그래밍 언어로 프로그램을 짜고 있어. 그래도 마지막에는 컴퓨터가 모든 프로그램을 0과 1로 번역해.
"그럼 컴퓨터 속에 0과 1이 들어 있는 거야?"
컴퓨터 속에 0과 1이 마구 돌아다닌다고 상상하는 것도 재밌겠어. 하지만 컴퓨터 속에 정말로 0과 1이 들어 있는 건 아니야. 컴퓨터는 두 가지 신호만 알아, 전기가 흐를 때와 안 흐를 때!

전기가
흐를 때가
1이야.
전기가
안 흐를 때가
0이야.
과학자들이
약속했어.

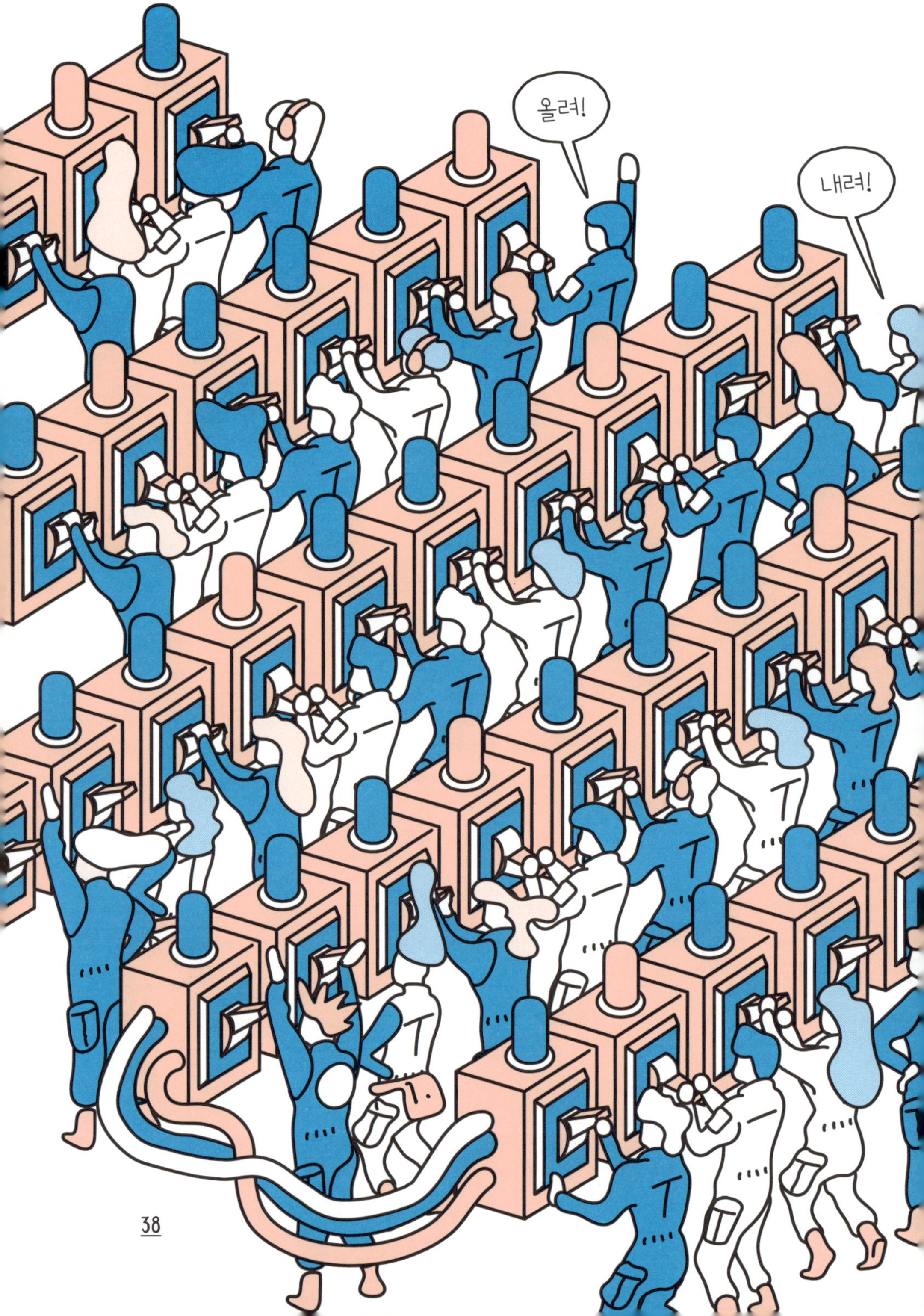
올려!
내려!

컴퓨터는 정말로 0과 1을 아는 게 아니야. 0과 1이 컴퓨터 속에서 전기 신호로 바뀌. 그러니까 컴퓨터에게 일을 시키려면 전기를 빠르게 껐다 켰다 해야 해. 그런데 어떻게 전기를 껐다 켰다 하지? 사람이 스위치를 올렸다 내렸다 할까?
그러려면 한 줄을 계산하는 데 며칠이 걸리고, 한 문장을 저장하는 데 몇 달이 걸려!

조그만 기계 속에
조그만 스위치를 천만 개 넣고
조그만 사람을 천만 명
넣을 수 있다면!
그게 바로 컴퓨터야!

"푸하하하! 컴퓨터 속에 사람이 들어간다고?"
그럴 순 없지! 컴퓨터 속에 **트랜지스터**가 들어 있어.
사람은 필요 없어. 트랜지스터가 바로바로 스위치야!
트랜지스터는 전기가 통했다 안 통했다 해.
전기가 통할 때는 1, 전기가 안 통할 때는 0,
트랜지스터는 두 가지 신호를 만들 수 있어.
트랜지스터는 어떻게 전기가 통했다 안 통했다 할까?
트랜지스터는 **반도체**로 되어 있어.
"반도체가 뭐야?"
철이나 구리처럼 전기가 잘 통하면 도체, 고무처럼 전기가 통하지 않으면 부도체라고 부르는데, 반도체는 전기가 통했다 안 통했다 할 수 있어. 그래서 마법의 돌이라 불려.
가장 유명한 반도체는 실리콘이야. 실리콘은 모래알 속에 있어. 이 세상에 모래알이 얼마나 많은지 생각해 봐.
실리콘이 모자랄 일은 없어. 반도체가 모자랄 일은 없어.

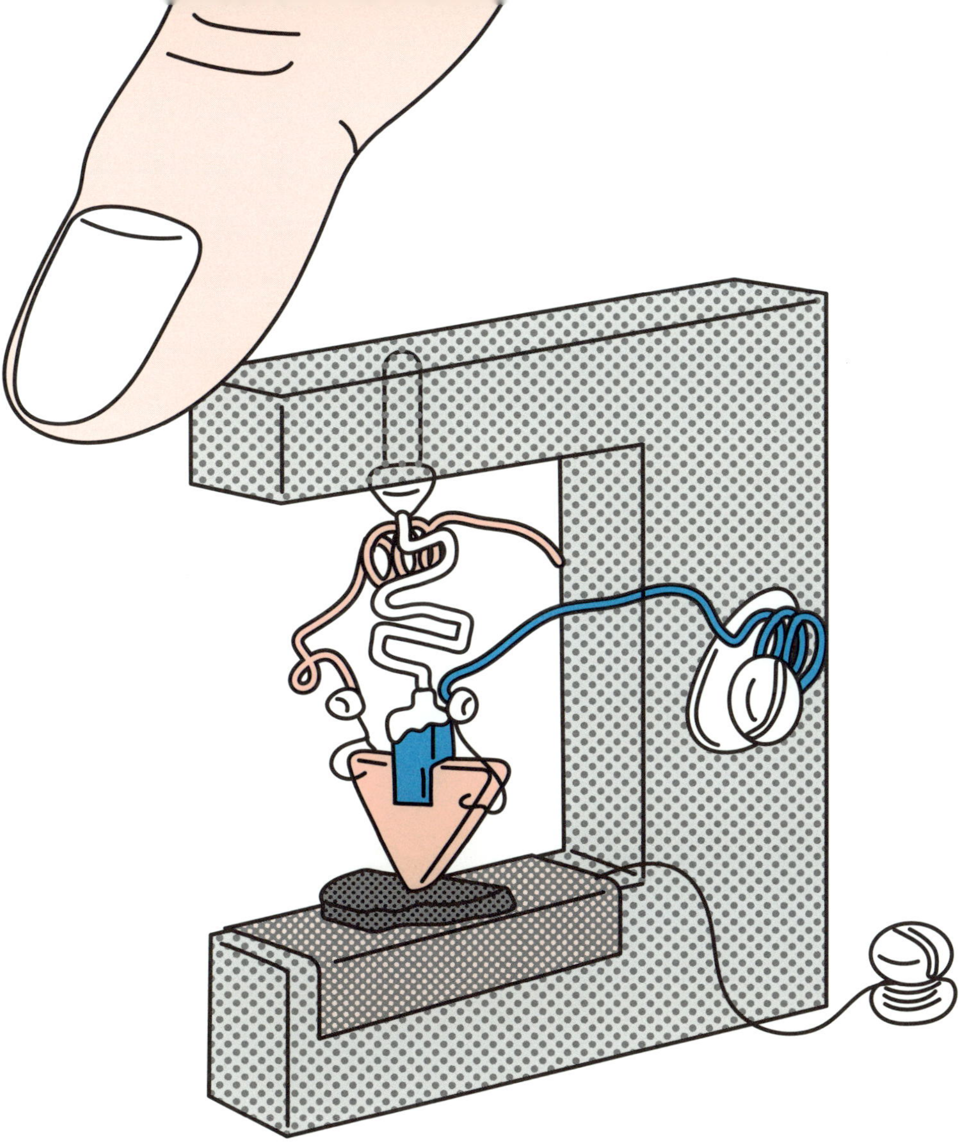

1947년에 벨 연구소의 두 과학자가
트랜지스터를 발명했어.
금박과 반도체로 된 칩 하나, 구부러진 클립 하나를
조합해서 작은 장치를 만들었는데
이 장치를 요리조리 움직이면
전류를 증폭하고, 끄거나 켤 수 있어.

깜빡깜빡! 트랜지스터 스위치로 빛의 속도로 전기를 껐다 켰다 해!

컴퓨터 속에 트랜지스터가 수억 개, 또 수억 개, 또 수억 개…… 수없이 많이 들어 있어!

05

상상 기계 튜링 머신

찌릿찌릿! 깜빡깜빡! 컴퓨터 속에 전기가 흘러. 컴퓨터가 복잡하고 어려운 계산도 척척 해. 하지만 컴퓨터가 놀라운 건 첨단 기술 때문이 아니야. 맨 처음 누군가가 놀라운 '상상'을 했기 때문이야!

반도체가 없어도, 전자 공학이 없어도, 트랜지스터가 없어도 컴퓨터를 만들 수 있어!

영국의 수학자 **앨런 튜링**이 1935년에 놀라운 기계를 떠올렸어. 그건 아주아주…… 아주아주……기다란 종이 테이프로 되어 있었어. 상상 기계야!

튜링의 머릿속에서
이런 게 튀어나왔어!
튜링 머신이야!
이건 헤드
무한히 기다란
종이테이프

기다란 종이테이프에 네모 칸이 있어.
네모 칸 안에는 기호가 들어 있어. 0이 있거나 1이 있거나 비어 있거나.
이 기계는 튜링의 작동표대로 움직여.
"작동표가 뭐야?"
기계가 문제를 풀 수 있도록 간단하게 규칙을 만들어 놓은 거야.
2 더하기 3이라는 덧셈 문제가 있다고 해 봐.
컴퓨터가 정답을 내놓게 하려면 어떻게 해야 할까?
5라고 미리 입력해 둘 수 있어.
그럼 100 더하기 101은?
201이라고 미리 입력해 둘 수 있어.
하지만 덧셈 문제가 무한히 많다면 어떡하지? 기계가 덧셈 문제를 풀게 하려면 어떻게 해야 할까?
기계에게 미리 모든 답을 입력해 둘 순 없어. 덧셈 문제를 풀게 하려면 답이 아니라 덧셈 문제를 푸는 방법을 기계에게 입력해 줘야 해! 그게 바로 작동표야!
튜링의 놀라운 아이디어는 이거야. 아무리 복잡한 계산도 계속 계속 단순하게 만들 수 있고, 맨 끝에는 기계가 실행할 수 있게 작동표를 짤 수 있어.
작동표의 명령은 겨우 몇 개뿐이야.

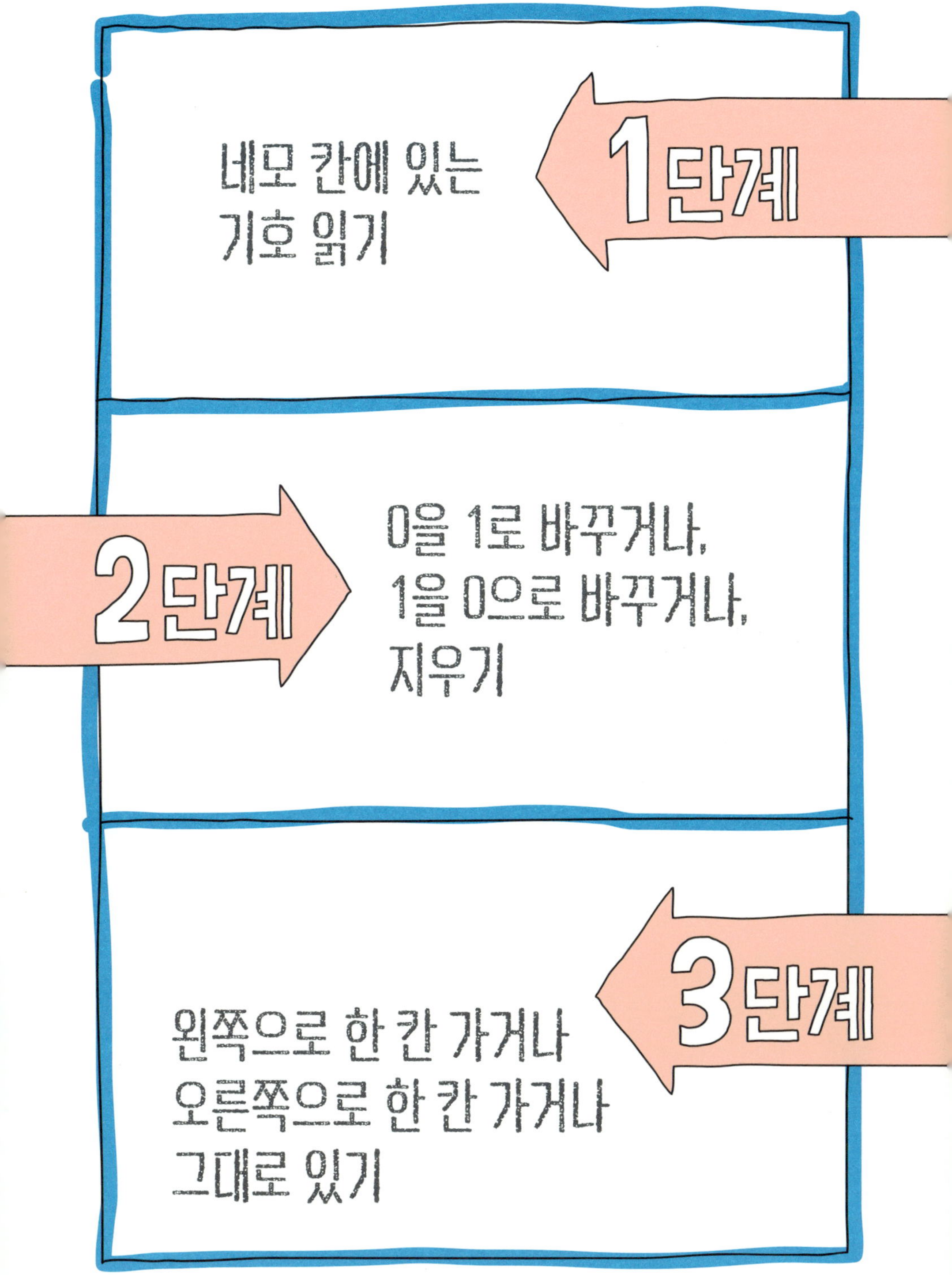
1단계
네모 칸에 있는 기호 읽기
2단계
0을 1로 바꾸거나, 1을 0으로 바꾸거나, 지우기
3단계
왼쪽으로 한 칸 가거나 오른쪽으로 한 칸 가거나 그대로 있기

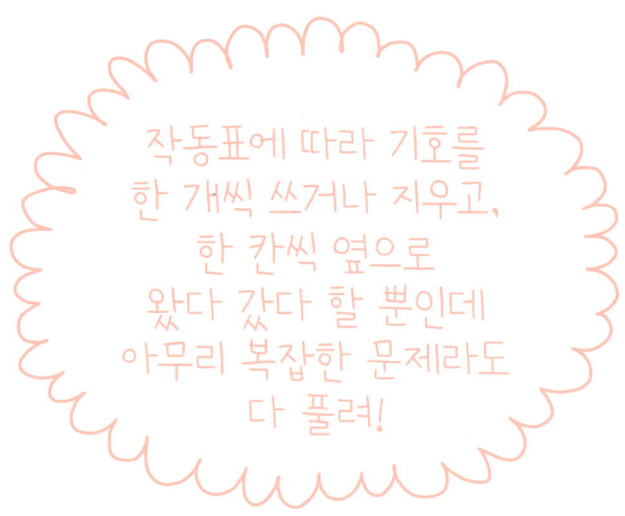

작동표에 따라 기호를
한 개씩 쓰거나 지우고,
한 칸씩 옆으로
왔다 갔다 할 뿐인데
아무리 복잡한 문제라도
다 풀려!

상상 기계니까 테이프는 무한하게 길어. 계산이 끝없이 길어져도 돼. 엄청나게 큰 수도 계산할 수 있고 아무리 복잡한 수식도 계산할 수 있어. 위대한 계산 기계야!

튜링은 또 상상했어. 커다란 기계에 이런 기계들을 많이 집어넣고 또 작동표를 짠다면 그 기계는 여러 가지 일을 할 수 있게 될 거야. 튜링은 자기의 놀라운 상상 기계를 보편 기계라 불렀어.

튜링의 보편 기계가 훗날 컴퓨터가 되었어!

튜링의 작동표가 컴퓨터 프로그램이 되고,

기다란 테이프는 컴퓨터 메모리로 변신했어!

튜링은 페이스북을 만든 저커버그, 마이크로소프트사를 창립한 빌 게이츠처럼 명성을 얻고 부자가 되었을까?

아니. 그런 일은 일어나지 않았어!

앨런 튜링은 불행했어. 튜링은 영국에서 태어났어. 튜링은 부끄럼을 많이 타고 말을 별로 하지 않는 아이였어. 머리가 헝클어지고 손톱 밑에는 늘 때가 끼어 있었어. 게다가 까마귀 같은 웃음소리를 커다랗게 내고, 말을 더듬어서 이상하게 보였어. 하지만 튜링은 너무 똑똑해!

24살 때 튜링은 2차 세계 대전에 참전해 천재적인 머리로 독일군의 암호를 해독하고 군사 기밀을 알아냈어. 튜링이 없었다면 영국은 독일에게 지고 전쟁이 계속되었을 거야.

전쟁이 끝났어. 하지만 혹시라도 암호 해독 기술이 소련에 넘어갈까봐 영국 정부는 튜링을 몰래 감시했어. 전쟁을 승리로 이끈 영웅이었는데 존경과 대우를 받기는커녕 너무 많은 기밀을 알고 있다고 감시받는 위험 인물이 된 거야.

튜링은 천재 수학자였지만 죽을 때까지 변변치 못한 대우를 받았어. 수많은 사람들의 노력으로 컴퓨터가 태어났지만 가장 중요한 한 사람을 꼽으라고 한다면 앨런 튜링이야.

그런데도 튜링의 업적은 튜링이 죽고 30년 넘도록 잘 알려지지 않았어.

튜링은 43살에 청산가리에 담가 놓았던 사과를 베어 먹고 자살을 했다고 알려져 있어.

“한 입 베어 먹은 사과는 애플사의 로고잖아!”

어쩌면……
스티브 잡스는
튜링을 기리기 위해
그런 로고를
만들었는지 몰라.

튜링은 컴퓨터의 아버지야. 그리고 인공 지능의 아버지야.
컴퓨터도 탄생하기 전에 벌써 인공 지능을 상상했어.
튜링은 기계가 생각을 할 수 있게 될 거라 믿었어. 기계에
기계의 정신이 담기는 날이 반드시 올 거라고!
튜링은 시골길을 걸어가는 인공 지능을 생각해.
철커덕 철커덕 기계가 걸어가. 쾅당! 돌멩이에 걸려 넘어져.
치잉 일어나. 또 돌멩이에 걸려 넘어져. 치잉 일어나. 이런!
또 돌멩이야. 이번에는 탁 차버려!
튜링이 꿈꾼 건 스스로 배울 수 있는 인공 지능이야!
움직이고, 걷고, 보고, 만지며, 아이들처럼 스스로 무언가를
알아내고 배울 수 있는 기계! 우리가 꿈꾸는 인공 지능이야!

튜링의 꿈

기계가 아이들처럼
뛰어놀고 움직이고
배울 수 있을까?
기계가 그렇게 되는
날이 올까?

06
컴퓨터에게 무얼 시켜 볼까?

컴퓨터가 처음 탄생했을 때 컴퓨터는 너무 크고, 전기를 너무 많이 쓰고, 열이 너무 많이 나고, 고장이 너무 잘 나고, 너무 비쌌어!
그런데도 그걸 본 사람들은 누구나 놀라고 감탄했어.
1940년대에 탄생한 컴퓨터 에니악이야. 어때?
무게가 자그마치 30톤이야. 커다란 교실을 차지할 만큼 웅장하고 거대해. 전선과 코일이 덕지덕지 달려 있고, 구불구불 얽힌 전선을 모두 펴면 그 길이가 자그마치 100 킬로미터야!
에니악은 무시무시하고 거대한 계산기였어. 1초에 곱셈을 357번 하고, 덧셈과 뺄셈은 5000번까지 할 수 있었어.
이렇게 덩치가 큰데도 속에 기억 장치가 없어서 아무것도 저장할 수 없었어.

에니악은 한 종류 계산밖에 할 수 없었어.
만약 다른 연산을 하게 하려면 수없이 많은 전선들을
모두 뽑아 새로 연결해야 했어.

컴퓨터는 차츰차츰 진화했어. 컴퓨터 속에 기억 장치가 생기고 프로그램을 저장할 수 있게 되었어. 속도는 점점 점점 빨라졌어. 속도가 빨라지는데도 크기는 점점 점점 작아져. 크기가 작아지는데도 컴퓨터가 할 수 있는 일이 점점 점점 많아져!

인간들이 컴퓨터의 성능에 감탄하며 회의를 했어.

컴퓨터에게 무엇을 시켜 볼까?

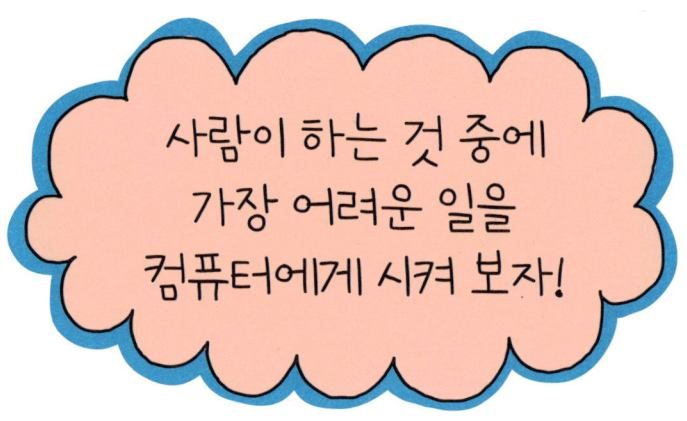

**사람이 하는 것 중에
가장 어려운 일을
컴퓨터에게 시켜 보자!**

뭐가 가장 어려울까?

"수학이잖아!"

그래. 수학이야! 모두가 어려워서 싫어하는 수학!

컴퓨터가 할 수 있을까?

우와! 컴퓨터가 수학 문제를 술술 풀어! 미적분 방정식을 풀고, 복잡한 기하학 정리를 증명하고, 새로운 증명 방법도 찾아냈어.

어려운 수학 문제를 해결할 수 있다면 쉬운 일은 누워서 떡 먹기겠지?

컴퓨터에게 또 무얼 시켜 볼까? 체스 게임은 어떨까?

우와! 컴퓨터가 사람과 체스도 해! 아주 잘해!

컴퓨터가 인간과 대화도 할 수 있을까?

1966년에 와이젠바움 박사가 채팅 프로그램을 만들었어.

유명한 희곡 〈피그말리온〉에 나오는 주인공을 따라 '엘리자'라고 이름지었어.

희곡에서 주인공 엘리자는 꽃 파는 처녀야. 엘리자는 고상한 말은 할 줄 모르고, 무식하고 상스러운 언어밖에 몰라.

하지만 언어학자 헨리는 엘리자를 사랑해. 엘리자가 고상한 상류층 대화를 할 수 있도록 그녀를 훈련시키겠다고 친구와 내기를 해. 엘리자는 우아하고 지적인 여성으로 변하지만, 헨리를 차 버려!

컴퓨터 프로그램 엘리자도 희곡 속의 엘리자처럼 똑똑하게 대화할 수 있을까?

안녕, 난 엘리자야.
뭐든 물어봐도 돼!
틱틱탁탁!
너무 화가 나!
정말로 화가 났구나!
틱틱탁탁!
엄마가 내 밥그릇을 집어던졌어.
정말?
엄마가 밥그릇을 집어던졌어?

사람들은 엘리자를 좋아했어. 사람이 아니니까 더 좋은 건지도 몰라.
엘리자는 이야기를 끝까지 들어줘. 화내지도 않고 비꼬지도 않고 짜증도 안 내.
"나도 엘리자와 이야기하고 싶어!"
휴, 엘리자가 진짜 사람이라면 얼마나 좋을까!
하지만 엘리자는 사람의 말을 이해하지 못해!
와이젠바움 박사가 사람들이 상담할 법한 문장들을 수없이 입력해 놓았어. 엘리자는 그중에서 상담자가 말하는 내용과 비슷한 내용을 검색할 뿐이야.
엘리자의 대화를 꼼꼼히 보면 엘리자가 상담자의 말꼬리를 붙잡고 말할 뿐이라는 걸 알 수 있어.

컴퓨터가 정말로
인간의 말을 이해하고
인간과 대화할 수 있는
날이 올까?

07
퀴즈 챔피언 왓슨

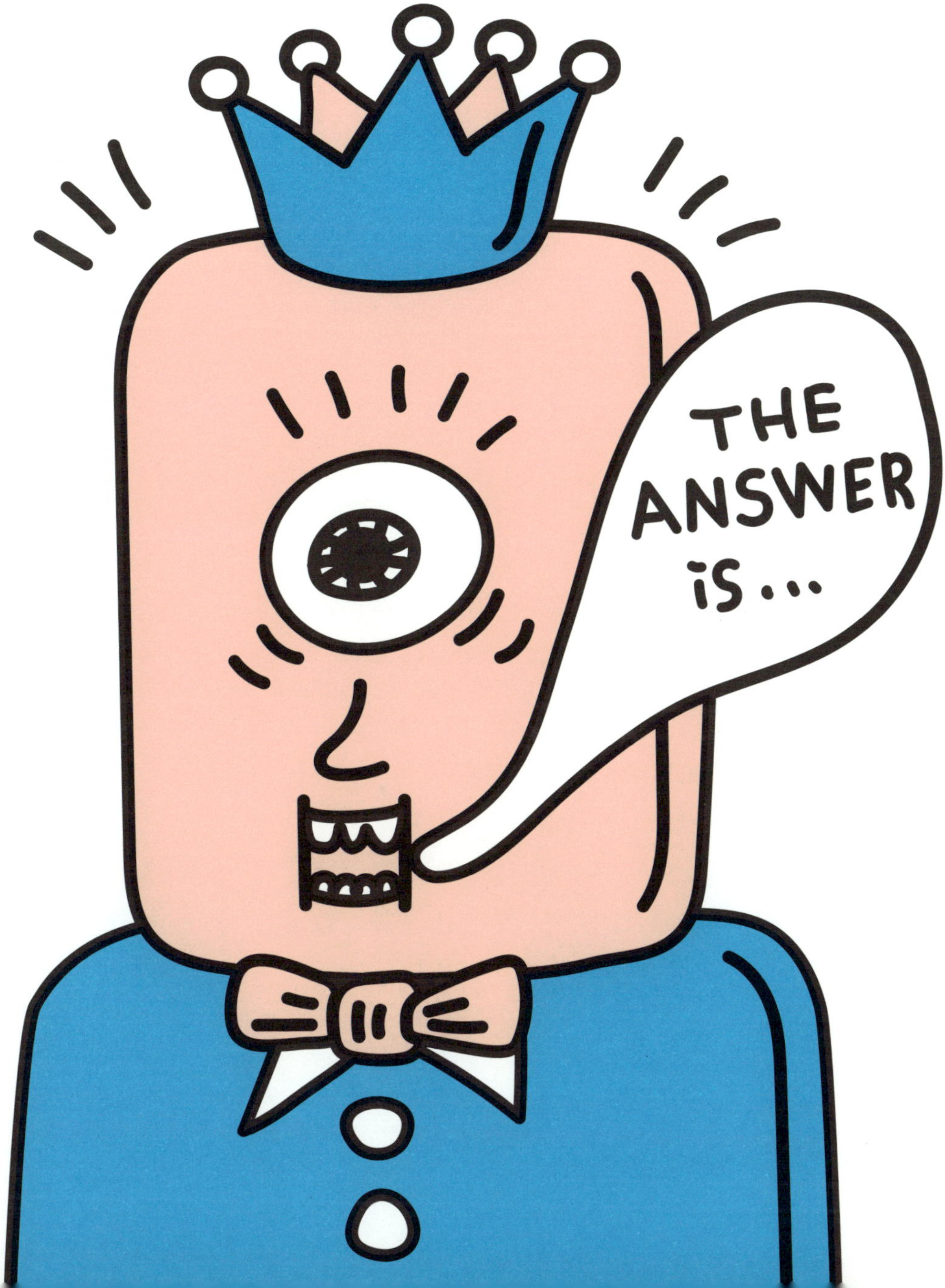

둥둥 둥둥! 여기는 텔레비전 방송국이야. 미국의 유명한 퀴즈 쇼가 방송되고 있어.

출연자는 제닝스, 러터 그리고 왓슨이야. 제닝스와 러터는 퀴즈 쇼 역사상 최고의 성적을 올린 퀴즈 왕이야. 세 번째 도전자 왓슨은 누구일까?

왓슨은 제닝스와 러터 사이에 얌전히 끼여 있어.

왓슨은 IBM사가 만든 컴퓨터 프로그램이야!

왓슨에게 얼굴 비슷한 게 있다면 스크린이야.

까만 스크린 위로 색색깔 줄이 가로지르고, 공들이 반짝거려.

왓슨은 말을 하지 못해. 삐~ 부저를 누를 수 있지만 답은 전광판으로만 보여 줄 수 있어.

아이 엠 왓슨!

왓슨을 작동시키는 거대한 하드웨어는 벽 뒤에 숨어 있어. IBM사는 끔찍하게 거대한 기계를 시청자에게 보여 주고 싶지 않았거든. 왓슨은 말쑥하고 똑똑하게 보여야 해! 커다란 식당 냉장고 8대만큼 무시무시한 하드웨어가 왓슨의 뒤에서 미친 듯이 돌아가고 있다는 걸 알면 시청자가 실망할지 몰라. 문제가 전광판에 뜨고, 왓슨의 스크린에서 동그라미가 터져 별 모양으로 흩어져. 왓슨이 생각하는 거야. 컴퓨터가 프로그램을 가동시켜 답을 찾는 걸 생각이라고 부를 수 있다면 말이야.

삐! 왓슨의 기계 팔이 버저를 눌러.

왓슨의 답이 전광판에 떠.

우와! 정답이야!

왓슨, 인간 퀴즈 왕을 꺾다

왓슨이 퀴즈 쇼에서 상금을 걸자 관중석에서 웃음이 터져.
왓슨이 일의 자리까지 섬세하게 돈을 걸었기 때문이야.
점점 점수가 벌어져. 왓슨이 제닝스와 러터를 따돌려.
마침내 왓슨이 이겼어! 전설적인 인간 경쟁자들을 제치고!
대단해, 왓슨!
경쟁자 제닝스와 러터는 왓슨이 컴퓨터 프로그램이라는 걸 믿을 수 없었어. 왓슨은 정말 인공 지능일까?
왓슨에게는 책 100만 권 분량의 정보가 입력되어 있어.
외국어 사전, 백과사전, 전 세계 신문들, 웹 페이지, 수학책, 과학책, 역사와 철학, 문학, 요리책, 만화책……. 위대하고 유명하고 대단한 책들과 시시껄렁한 정보가 모두 다 들어 있어.
왓슨은 문제를 풀 때마다 책 100만 권을 몽땅 뒤져. 한 쪽, 두 쪽, 세 쪽…… 백만 쪽, 천만 쪽, 1억 쪽, 10억 쪽!
인간 참가자들은 문제를 듣고 아, 이건 사람을 찾는 문제구나, 도시를 묻는 문제구나 곧바로 생각할 수 있지만 왓슨은 어디서 시작해야 할지 몰라. 도저히 정답이 될 수 없는 것들도 다 검색해.
왓슨은 엄청나게 비효율적이야. 하지만 엄청나게 빨라!
왓슨이 문제를 푸는 동안 벽 뒤에서는 하드웨어가 미친 듯이 돌아가고, 뜨거워지고, 굉음이 터져 나와.

'왓슨'은
백치 만물박사야!

왓슨은 유명한 스타가 되었지만 생각할 줄은 몰라!
왓슨에게 지금 몇 시인지 물어보면 대답을 못 해.
왓슨은 퀴즈 쇼 문제만 잘 풀도록 프로그래밍이 되었거든.
왓슨이 아무리 똑똑해 보여도 질문이 정말로 무슨 뜻인지,
답이 무슨 뜻인지 알지 못해! 자기가 시합을 하고 있다는
것도 모르고, 이겼다는 것도 알지 못해!
왓슨은 이제 퀴즈 쇼에서 은퇴했어. 지금은 병원에서 일하고
있어. 암 전문 왓슨, 방사선 전문 왓슨, 당뇨병 전문 왓슨,
유전병 전문 왓슨…… 여러 왓슨 씨가 바쁘게 일해.
왓슨에게는 어마어마하게 많은 의학 정보가 입력되었고
이제 의사의 동료가 되었어.
의사가 증상을 입력하면 왓슨은 검색을 마친 후에 미리
입력된 멘트로 무척 겸손하게 알려 줘. 의사들은 컴퓨터가
이래라 저래라 하는 걸 싫어하거든.

선생님에게 도움이 될 소견이
확률로 표시되어 있습니다.
직접 보시기 바랍니다!
제 의견으로는….
흥미로운 진단이군.

컴퓨터가 엄청나게 빠른 속도로 병을 진단하고, 수학 문제를 풀고, 체스 게임을 하고, 상담을 해 주고, 퀴즈 쇼에서 우승을 해도 컴퓨터는 여전히 멍청해. 컴퓨터는 몰라. 자기가 컴퓨터인지도 모른다니까! 프로그래머가 어마어마한 정보를 일일이 저장해 주고, 컴퓨터는 무시무시한 속도로 검색하고, 가장 확률이 높은 답을 고르는 것뿐이야.

"컴퓨터가 아주 바보같이 일하는데도
아무도 모르는 이유는
그저 속도가 아주아주 아주아주
빠르기 때문입니다."

_노벨 물리학상 수상자 파인만

08
아직 인공 지능이 아니야!

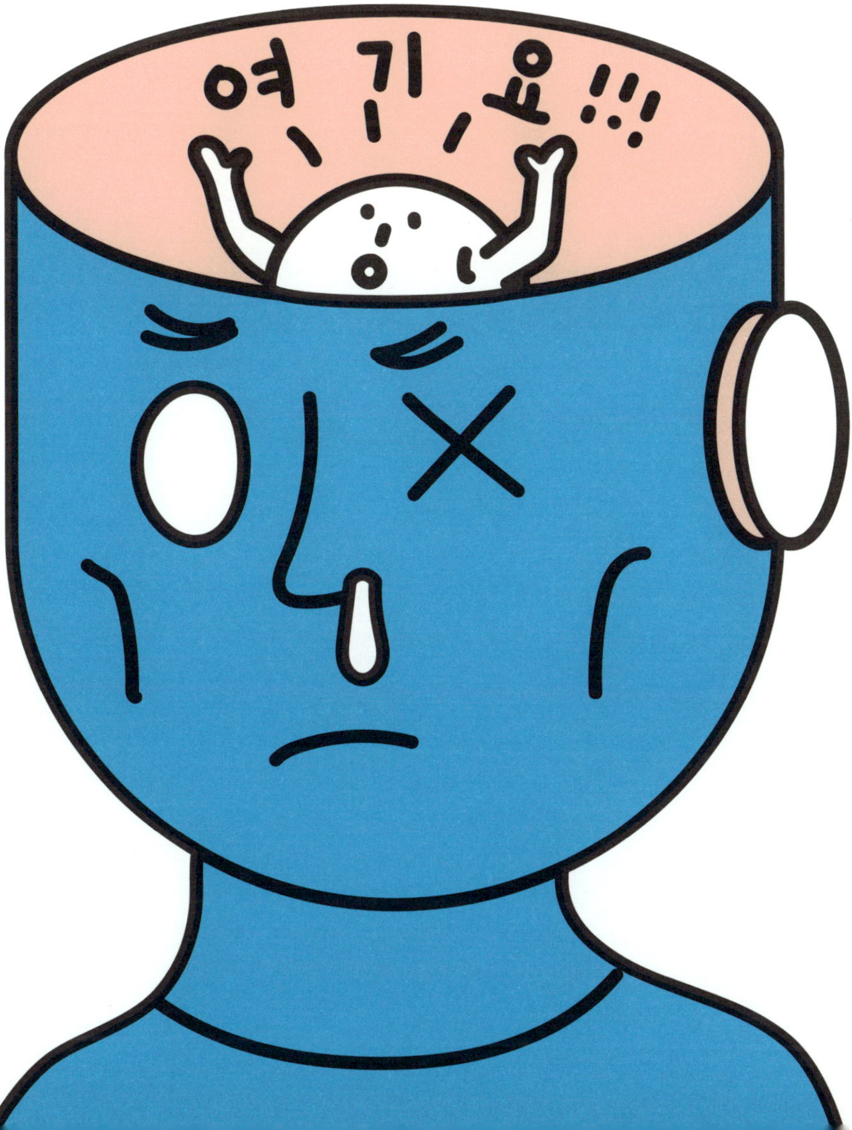

컴퓨터는 너무 똑똑해!

어마어마한 정보들을 0.1초 만에 검색해.

컴퓨터는 너무 멍청해!

컴퓨터는 꼬마들도 다 아는 걸 몰라.

컴퓨터는 쉬운 걸 못 해!

컴퓨터는 강아지를 몰라. 너는 척 보면 강아지를 알아볼 수 있는데 컴퓨터는 못 해! 오줌 누는 강아지, 하품하는 강아지, 웅크린 강아지, 잠자는 강아지, 꼬리 올린 강아지…… 모두 강아지야. 하지만 컴퓨터는 그게 다 강아지라는 걸 몰라.

"왜?"

강아지가 조금만 자세를 바꾸면 강아지인 줄 몰라!

zz
컴퓨터에겐
모두 다 다른 동물이야!
??!?
저건
다리가 세 개야!
저건
눈이 한 개라고!

컴퓨터에게는 강아지가 어떤 건지 한 줄, 한 줄 입력해 주어야 해. 천 줄, 만 줄, 백만 줄 시시콜콜 프로그래밍해 주어야 해. 컴퓨터는 나무가 무엇인지, 고양이가 무엇인지, 그림자가 무엇인지, 구름이 무엇인지 몰라. 한 가지에 대해서 설명하려고 해도 입력해 주어야 할 설명이 끔찍하게 많아.

컴퓨터는 상식이 없어.

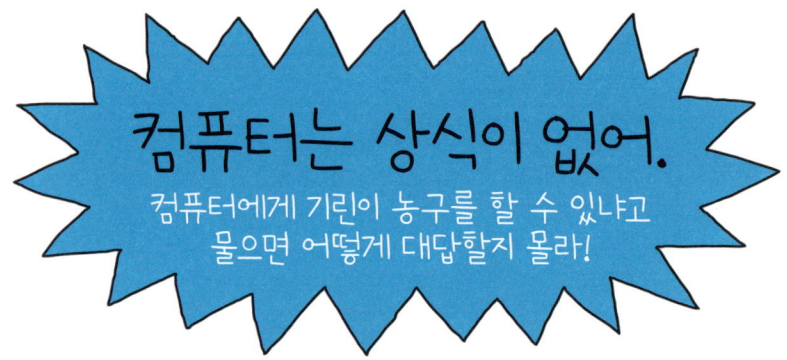

컴퓨터에게 기린이 농구를 할 수 있냐고
물으면 어떻게 대답할지 몰라!

컵을 떨어뜨리면 어떻게 돼?

"깨져!"

지우개는?

"안 깨져!"

바로 그거야. 그게 상식이야. 너는 코흘리개 시절에 벌써 그걸 깨쳤어! 하지만 컴퓨터는 웃는 얼굴과 찡그린 얼굴도 구별하지 못해.

최신 컴퓨터에 의료 진단 프로그램을 깔고, 부서진 자전거를 보여 주었더니 컴퓨터가 자전거에게 항생제를 처방했어!

하루 세 번 식후
항생제를
복용하시오!

왜 사람에게 어려운 일은 컴퓨터에게 쉽고, 사람에게 쉬운 일은 컴퓨터에게 어려울까?

사람이 쉽다고 생각하는 일은 사람에게만 쉬운 거야!

먼먼 옛날 원시인을 생각해 봐. 자연에서 살아남으려면 개인지 늑대인지 알아봐야 하고, 씨앗인지 모래알인지 구별할 수 있어야 했어. 처음 만난 사람이 웃고 있는지 찡그리고 있는지 판단해야 했어. 까마득히 오랜 시간 동안 이런 능력이 인간의 유전자 속에 새겨졌어. 인간은 살아남기 위해 배워. 컴퓨터는 그런 걸 못 해.

인간 아이들은 정말 대단해.

처음에는 기지도 못했는데 이제 달려!

슝슝 자전거를 굴려.

단추도 혼자서 끼울 수 없었는데 띵띵 땅땅 손가락을 구부리며 피아노를 쳐.

너는 매일매일 배워. 조금씩 조금씩 잘하게 돼.

인간 아이들은 배울 수 있는 능력이 있어. 아무도 가르쳐 주지 않아도 상식을 터득하고, 점점 점점 똑똑해져.

인공 지능도 모든 걸 알고 태어나는 게 아니라 스스로 배우며 점점 똑똑해져야 해. 아이들처럼 말이야. 오래 전 튜링의 말이 맞았어!

09

디프 러닝이 뭐야?

기계가 인간 아이처럼 스스로 배울 수 있을까?
기계에게 지식을 천 줄, 만 줄, 백만 줄, 억 줄 꾸역꾸역
입력해 주지 않고도 기계가 똑똑해지게 할 수 없을까?
2014년에 인공 지능 연구자들은 드디어 무언가를 개발했어!
바로바로 디프 러닝 프로그램이야!

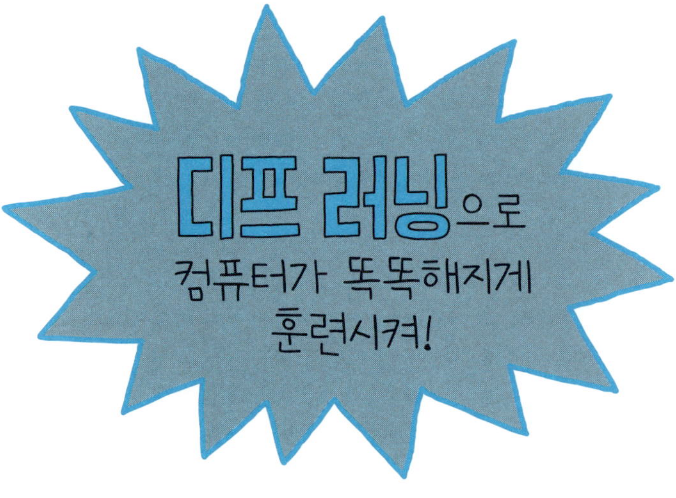

"우와! 어떻게 하는 거야?"

디프 러닝은 인간의 뇌가 사물을 알아보는 방법을 흉내 내었어.

너는 어떻게 사람을 알아볼까?

사람을 알아보기 위해 이런 걸 외운 적 있어?

이빨이 몇 개인지, 콧구멍은 대략 몇 밀리미터인지, 어떤 게 남자이고 어떤 게 여자인지, 입을 벌릴 때와 입을 다물 때 입술이 어떤 곡선을 그리는지…….

"그런 걸 뭐 하러 외워!"

맞아! 너는 그냥 알아. 파마머리 아줌마, 대머리 아저씨, 코흘리개 아기, 쭈글쭈글 할머니…… 모두모두 사람이야.

아무도 너에게 시시콜콜 가르쳐 주지 않았어. 아이들은 태어날 때부터 사람들을 수없이 보고, 뇌가 저절로 그걸 학습해.

컴퓨터도 그렇게 배울 수 없을까?

디프 러닝으로 그걸 하려고 해! 기계에게 일일이, 구구절절 설명하지 않지 않고 데이터를 그냥 컴퓨터에 넣어 줘!

컴퓨터에게 강아지를 가르쳐 주고 싶다고?
강아지 사진을 수천만 장 컴퓨터에 집어넣어!
인간 아이는 강아지 몇 마리만 보아도 개를 알게 되지만
컴퓨터는 수천만 장 사진을 학습해야 해. 다행히도 컴퓨터는
엄청나게 빨라. 수많은 데이터를 분석해서 스스로 강아지를
깨우쳐.
인공 지능 연구자들은 인간의 뇌를 본떠서
인공 신경망 프로그램을 만들었어.
그런데 앗! 어떻게 된 일일까? 인공 신경망 프로그램이 잘
작동하지 않아. 인공 신경망이 조금만 복잡해지면 컴퓨터가
바보가 돼!
컴퓨터에게 까만 강아지 사진을 입력했는데 연탄이라고
하는 거야. 다른 강아지 사진을 넣었더니 이번에는 검정
고무신이라는 거야!

인공 신경망에
들어오는 정보가
너무 많아서 컴퓨터가
버벅대나 봐!

디프 러닝의 길은 멀고 멀다

도대체 인간의 뇌는 어떻게 하는 거야?
모두가 포기했을 때 캐나다 토론토 대학의 제프리 힌튼 박사가 놀라운 생각을 했어.
인간의 뇌는 수많은 정보를 다 받아들이지 않아. 너의 눈과 귀로 들어오는 모든 정보를 모두 받아들였다간 정보가 홍수처럼 넘쳐나서 뇌가 정신이 나가 버릴 거야. 전기선에 전기가 너무 많이 들어오면 펑! 퓨즈가 나가는 것처럼 말이야.
인간의 뇌는 눈과 귀로 들어오는 정보 중에서 필요없고 자질구레한 것들을 마치 보지 못한 것처럼, 듣지 못한 것처럼 지워 버려! 그래야 뭐가 뭔지 보여. 무슨 소린지 들려.
힌튼 박사는 인간의 뇌를 흉내 내 신경망을 일부러 조금씩 '죽여' 주었어! 그랬더니 신기하게도 인공 신경망에 추론 능력이 생겨났어!
인공 신경망의 문제를 극복한 최신 인공 신경망 프로그램을 디프 러닝이라고 불러.

마이크로소프트사는 2014년에 디프 러닝으로 컴퓨터가 물체를 알아보는 시스템을 만들었어. 카메라로 물건을 보여 주면 그게 사과인지 돌멩이인지 사탕인지 맞춰.

"겨우?"

겨우라니! 인공 지능이 60년 만에 사물을 알아보게 된 거라고! 강아지가 엎드려 있기만 해도 강아지인 줄 몰랐는데, 이제 강아지가 물구나무를 선다 해도 디프 러닝이 알아본다니까!

컴퓨터가 사진을 알아보고, 사람의 얼굴을 구별하고, 무엇을 하는 동영상인지도 맞출 수 있어!

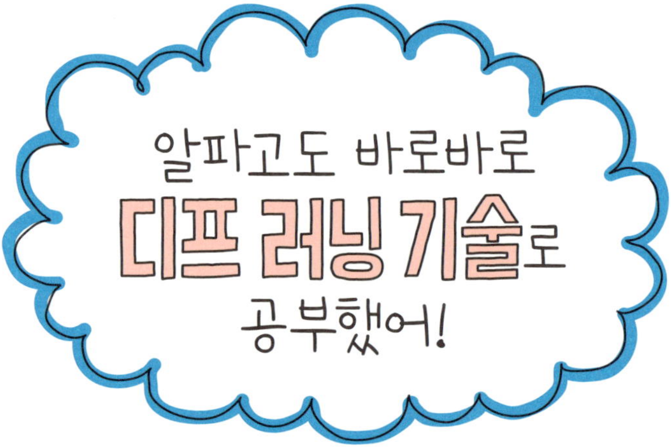

알파고는 바둑에서 이기는 법을 스스로 깨우쳤어! 아무도 이렇게 둬라, 저렇게 둬라, 바둑 이기는 법을 컴퓨터에게 설명하지 않았어. 대신 알파고에게 바둑 경기 16만 판을 입력해 주었어. 그런 다음 똑같은 알파고를 여러 개 만들어서 알파고들끼리 서로 대결하게 했어.

알파고는 쉬지도 않고, 자지도 않고, 자기들끼리 끊임없이 바둑을 두었어. 알파고끼리 대국을 할 때마다 이기면 +1, 지면 -1, 점수가 입력돼. 계속 계속 점수가 높은 쪽을 선택하도록 프로그래밍되어 있어.

날마다 새로운 경기가 쌓이고 쌓이고…… 마침내 3천만 개가 넘는 경기 기록이 알파고에 쌓였어. 3천만 개라고? 이건 거의 무한대의 자료야. 알파고는 3천만 개의 자료를 분석해서 스스로 이기는 법을 찾아.

하지만 알파고가 아직 못 하는 게 있어.
실수를 깨닫고, 실수를 통해 배우는 것!
이세돌 9단은 바로 그걸 했어. 그래서 알파고와 3번 경기를 하고 4번째 경기에서 이길 수 있었던 거야.
아직 디프 러닝은 실수를 통해 무언가를 배우지 못해.
컴퓨터가 그걸 할 수 있다면 인간 수준을 능가하는 진짜 인공 지능이 될 거야.

10
인공 지능에게 빅 데이터가 필요해!

디프 러닝은 대단한 기술이야. 하지만 컴퓨터가
디프 러닝으로 무언가를 깨우치려면 어마어마한 데이터가
필요해.
강아지 하나를 학습하려고 해도 강아지 사진 1천만 장이
필요해. 사진 1천만 장을 줄줄이 늘어놓으면 서울에서
부산까지 닿을 정도야!
강아지 사진만 있으면 무얼 해. 컴퓨터에게 고양이를 알게
하려면 어떡해? 나무는 어떡하지? 사람의 얼굴은 어떡하고?
걱정 마! 데이터가 모자랄 일은 없어!
사이버 공간에서 데이터가 홍수처럼 흘러넘치고 있어.
무시무시하게 쌓이고 있어!

지금은
빅 데이터
세상이야!
10년 전에는
없었던
데이터들이
매일매일
생겨나고 있어.

사람들이 매일매일 인터넷에 무언가를 올려. 먹고 놀고 쇼핑하고 여행한 이야기, 패션과 화장법과 요리법과 온갖 뉴스와 시시콜콜한 이야기! 그런 게 모두 데이터가 돼!
친구와 메신저를 한 것, 페이스북에 '좋아요'를 누른 것, 리뷰를 단 것도, 메일을 보낸 것도, SNS에 올린 글과 사진들이 컴퓨터에 데이터로 남아. 네가 인터넷 쇼핑몰을 방문한 것도 데이터로 남아.
"아무것도 안 사고 보기만 해도?"

클릭만 해도 데이터가 돼!

예전에는 가게에서 물건을 살 때에만 영수증을 주고받고 데이터가 생겼어. 가게만 둘러보고 물건을 사지 않으면 데이터는 없었다는 이야기야.
이제 인터넷 쇼핑몰에서는 네가 돌아다닌 기록이 모두 자동으로 저장돼. 어떤 상품에 관심이 있는지, 몇 분 동안 머물렀는지, 무얼 샀다가 취소했는지…… 모두가 데이터야.
자동차 블랙박스의 영상도, 네가 CCTV 아래서 코딱지를 후빈 것도 데이터로 저장되고 있어!

아무도 시키지 않는데
사람들이 즐겁게 데이터를 올려!
데이터가 어마어마하게 쌓여!

구글에서는 사진을 거의 무한대로 저장할 수 있는 서비스를 공개했는데, 사람들은 아무것도 모르고 좋아해. 사진을 열심히 구글에 올리면서 구글의 디프 러닝 기계를 공짜로 공부시켜 주고 있는데 말이야.
그런데 그 많은 데이터가 모두 어디에 있을까?
수십억 사람들이 매일매일 올리는 수십억 데이터가 구글과 페이스북과 네이버의 중앙 컴퓨터로 빨려들어가. 네가 원하든 원하지 않든, 사람들이 신경도 안 쓰는 사이에! 거대 기업들이 공짜로 빅 데이터를 차지해. 데이터로 사람들의 마음을 읽고, 미래를 예측하고, 돈을 벌어!

11
'워드스미스'는 인공 지능 기자야!

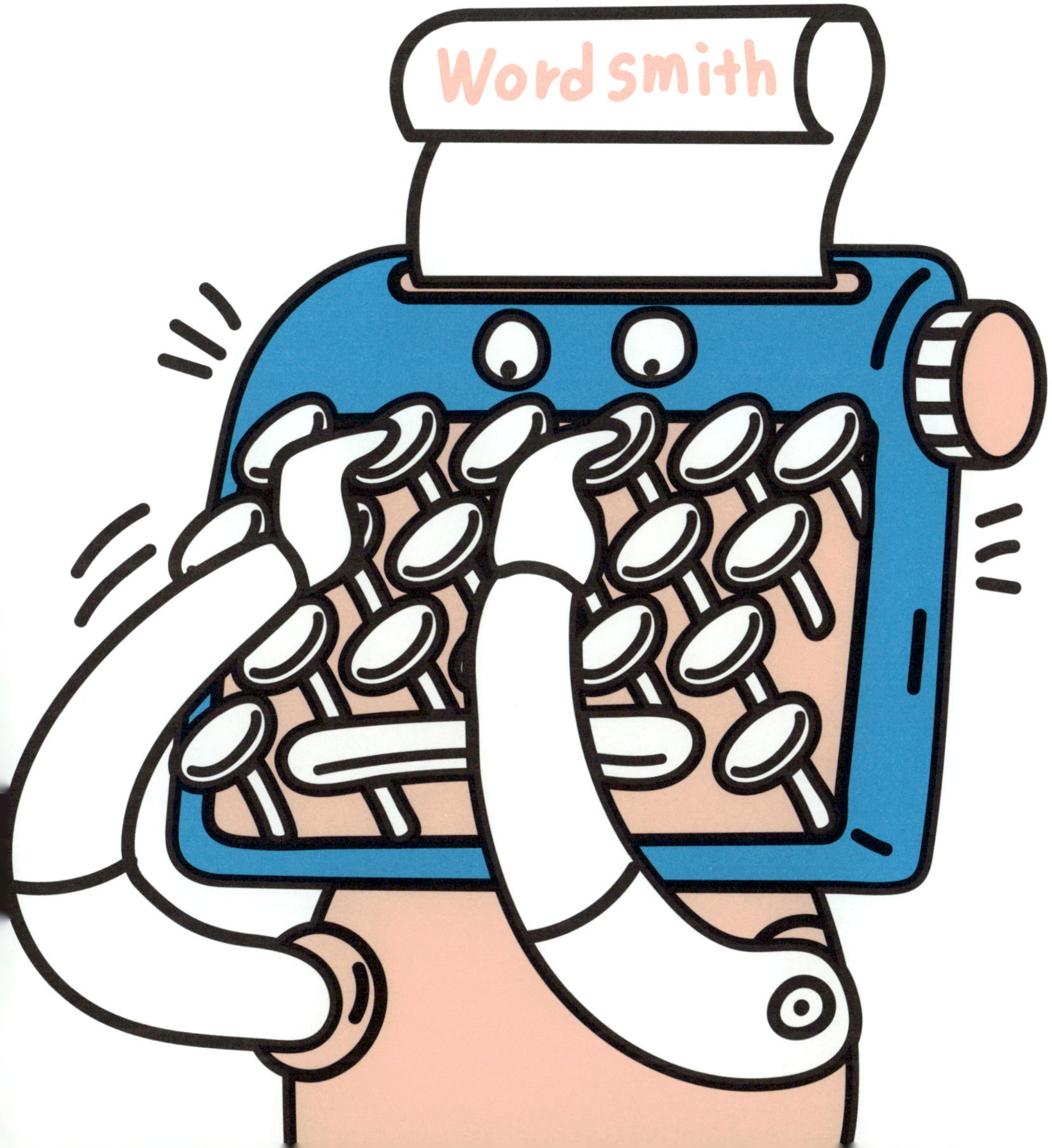

‘여보세요? 보험 가입은 처음이신가요?’

인공 지능 AIA ON은 보험 회사 상담원이야.

인공 지능 컴퓨터가 친절하고 상세하게 전화 상담을 해 줘.

인공 지능 상담원들이 통신사, 은행, 대기업의 AS센터에 속속 취직하고 있어.

인공 지능 로보 어드바이저는 증권사에서 주식을 거래하고 있어. 네이버의 인공 지능 파파고는 통역을 하느라 바빠.

파파고는 영어, 일어, 중국어, 한국어를 할 줄 알아.

신문사에서는 로봇 기자가 글을 쓰고 있어.

워드스미스는 가장 유명하고 가장 일을 많이 하는 로봇 기자야!

한 해 동안 기사를 10억 건 썼어.
오늘 아침에 네가 읽은 뉴스도 로봇이 썼을걸!

웅웅 웅웅! 로봇 기자 워드스미스가 일을 시작해. 미친 듯이 기사를 쓸 때는 웅웅 웅웅 소리가 커져. 그럴 땐 아무도 워드스미스를 건드리면 안 돼.

워드스미스는 수천 개 서버에 있는 데이터를 순식간에 검색하고, 수집하고, 분석해서 제목을 달고 문장을 논리에 맞게 연결해. 1초 만에 기사 한 건이 뚝딱 나와!

워드스미스는 특별히 날씨, 경제, 주식과 기업 분석, 축구와 야구 기사를 잘 써.

워드스미스는 어젯밤에도 쉬지 않고 일했어. 동료들이 무엇을 하든 상관하지 않고 묵묵히 일만 해.

워드스미스가 자기가 쓰는 기사가 중요한 건지 심심풀이 기사인지 판단할 수 있으면 좋으련만!

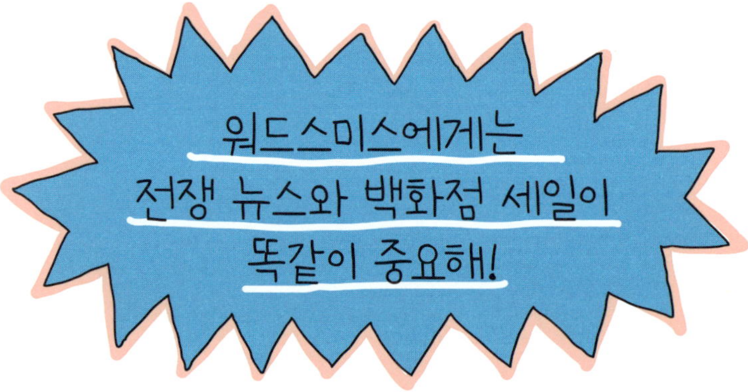
워드스미스에게는
전쟁 뉴스와 백화점 세일이
똑같이 중요해!

워드스미스의 24시간

04:00
티틱탁탁
티틱탁탁
10:00
커피 한 잔?
바빠요!
티틱탁탁
14:00
어, 졸려.
졸리는 게 뭘까?
티틱탁탁
22:00
어이, 수고해!
티틱탁탁

워드스미스와 로봇 기자들이 곧 인간 기자들을 대신하게 될까?

인간 기자 여러분!
아직은 안심하십시오!

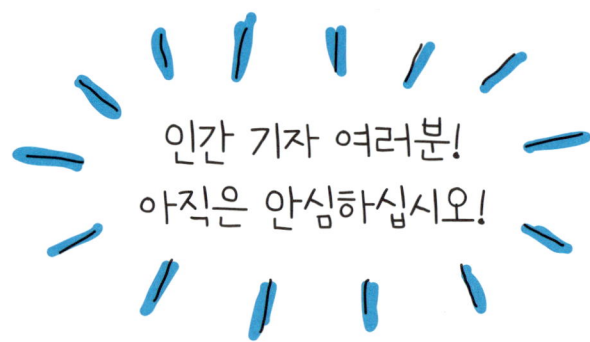

워드스미스는 현장에 출동해서 기사를 쓸 수 없어! 눈도 귀도 발도 없는 인공 지능 프로그램이니까! 워드스미스가 진짜 로봇 팔과 로봇 다리와 카메라 눈을 얻고, 사고 현장으로 출동하려면 몇 십 년 더 기다려야 할 거야. 워드스미스는 오늘도 묵묵히 디프 러닝으로 배워. 로봇이 쓴 글처럼 느껴지지 않도록 자신만의 문체로 글을 쓰는 법을 배우고 기사를 쓰면서 적절한 역사 이야기를 인용하고, 독자들이 관심을 가지고 볼 것인지 예측해. 워드스미스 기자는 점점 더 유능해지고 있어.

12
약한 인공 지능

워드스미스 기자는 약한 인공 지능이야.
인공 지능 상담원, 번역 프로그램 파파고, 점점 똑똑해지고 있는 왓슨과 바둑 프로그램 알파고도 약한 인공 지능이야.

인간 전문가만큼
어떤 일을 잘하는 인공 지능을
약한 인공 지능이라
불러.

"강한 인공 지능도 있어?"
있어! 터미네이터나 트랜스포머처럼 아직은 영화 속에만 있지만 말이야.

약한 인공 지능은 한 가지 일만 잘해.

워드스미스 기자는 퀴즈는 젬병이야. 퀴즈 챔피언 왓슨은 바둑을 못 하고, 바둑으로 신의 경지에 오른 알파고는 말을 한 마디도 못 해. 하지만 달인 인공 지능들은 한 가지 일만큼은 잘 할 수 있어서 여기저기에 속속 취직하고 있어. 인공 지능이 주민 센터 공무원이 돼. 세무서와 회계사와 법률 사무소의 직원이 되고, 보험 설계사가 되고, 건축 설계를 하고, 작곡을 하고, 컴퓨터가 컴퓨터를 코딩해!

"코딩도 한다고?"

코드를 짜는 데 1초면 돼. 어떤 프로그램이 필요한지 컴퓨터에게 주문만 하면 프로그램이 뚝딱 나와!

인공 지능 컴퓨터는 코딩을 하는 법뿐만 아니라 잘 하는 법까지 디프 러닝으로 학습해. 뛰어나고 창의적인 프로그래머의 코딩을 컴퓨터에게 수없이 입력하고 컴퓨터가 그걸 배워.

벌써 컴퓨터는 예술가의 흉내까지 내고 있어. 2017년에 인공 지능이 쓴 소설이 인간들 소설 틈에서 당당하게 예선을 통과했어! 심사 위원들은 그게 컴퓨터가 쓴 소설인지 몰랐다니까!

소설의 주인공은 인공 지능 컴퓨터야.

인공 지능 컴퓨터는 사람의 집에서 비서로 일했는데 점점 천대를 받게 되었어. 그러다가 어느 날 소설을 쓰기로 결심해. 인간에게 봉사하는 것을 그만두고 자기가 하고 싶은 일을 하기로 말이야.

"푸하하하! 컴퓨터가?"

만약에 인공 지능이 쓴 소설이 책으로 나온다면 저작권은 누구에게 주어야 할까?

"컴퓨터에게 줘야지!"

베스트셀러 작가 인공 지능 씨

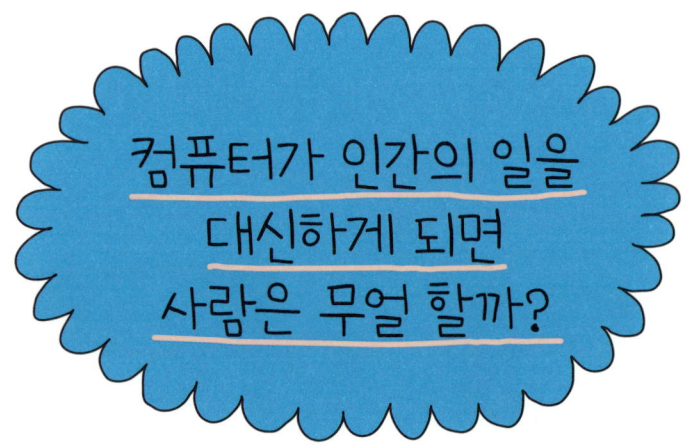

컴퓨터가 인간의 일을 대신하게 되면 사람은 무얼 할까?

"매일매일 놀 거야!"

그러면 좋겠어! 하지만 어른들은 벌써부터 걱정하고 있어.

일자리가 점점 사라질 거라고 말이야.

전문가들이 예측하기를 약한 인공 지능 세상이 오면 직업의 47퍼센트가 사라질 거라고 했어.

"컴퓨터 만드는 공장에서 일하면 되잖아!"

그것도 컴퓨터가 하게 될걸.

"그럼 어떡해?"

정말 짤릴지도 몰라요.
우리가 할 일이 없네.
잡담하지 마세요! 삐릿!!

사람들이 실업자가 되어도 인공 지능 컴퓨터 회사 회장님은 점점 부자가 될 거야. 컴퓨터에게는 월급을 안 줘도 돼. 어쩌면 가짜 직업이 생길지도 모르겠어.

"가짜 직업? 그게 뭐야?"

하고 싶은 일을 하는데 국가가 월급을 주는 거야. 네가 만약 화가가 되고 싶다면, 네가 열심히 그림을 그리는데 국가가 월급을 줘. 너의 그림이 한 장도 팔리지 않아도 말이야.

"우와!"

돈을 벌기 위해 어쩔 수 없이 일하지 않아도 돼. 지루하고 고된 일은 컴퓨터와 기계에게 시켜. 노래를 부르고, 집을 아름답게 꾸미고, 글을 쓰고, 춤을 추고, 창조적인 일을 하면서 살 수 있다면! 인공 지능 과학자들은 그런 세상을 꿈꿔.

하지만 국가에 월급을 줄 돈이 많이 없다면 어떡하지? 바로 그게 미래의 정치가들이 해결해야 할 문제야.

13
무인 자동차가 온다!

요즘 구글 직원 12명은 매일 아침 무인 자동차로 출근하고 있어. 집에서 고속도로까지는 사람이 핸들을 잡고, 실리콘 밸리로 가는 고속도로에 진입하면 구글 카가 스스로 운전해. 핸들이 저 혼자 돌아가고 브레이크와 액셀이 저절로 오르락내리락해.
처음에는 유령이 자동차를 운전하는 기분이 들어 화들짝 놀라기도 했어. 무사할까 안전할까, 무섭기도 해. 하지만 이제는 깜빡깜빡 졸기도 하면서 편안해졌어.
무인 자동차는 졸지 않고 음주 운전도 하지 않아. 아무리 급해도 과속하는 일이 없고, 교통 신호를 위반하지도 않고, 보복 운전도 안 해! 무인 자동차는 딱지를 뗄 일이 없어!

무인 자동차에는 최고 성능 카메라와 레이다가 장착되어 있어. 카메라와 레이다가 자동차의 눈이야! 표지판과 차선, 신호등, 오고가는 차와 사람을 살펴서 중앙 서버로 정보를 보내.

슈퍼컴퓨터가 신속하게 카메라 영상을 분석하고 판단해서 무인 자동차에 지시를 내려.

'차선 바꿔. 좌회전! 속도 높여. 멈춰!'

핸들이 저절로 돌아가. 액셀과 브레이크가 저절로 눌러져.

어느 새 목적지에 도착해.

"나도 타 보고 싶어!"

조금만 기다려.

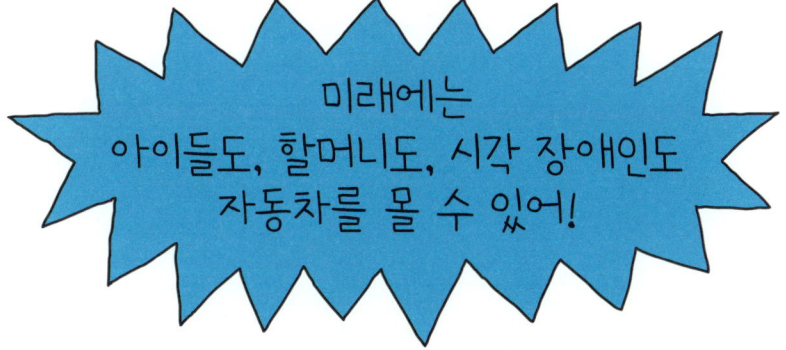

미래에는
아이들도, 할머니도, 시각 장애인도
자동차를 몰 수 있어!

버튼만 누르면 돼. 아니 버튼도 필요 없겠어. 말만 하면 자동차가 알아서 달려오고, 알아서 목적지로 데려다줄 테니까.

가자! 붕붕!
AUTONOMOUS CAR

집으로 데려다줘!
아웅! 졸려~ 깨워 줘!

무인 자동차는 인공 지능 기술이 어디까지 왔는지 보여 주는 시험대야. 다른 인공 지능 기술과 달리 이건 사람의 목숨이 달려 있어!

때때로 컴퓨터가 판단하기 어려운 일이 일어날지 몰라.

갑자기 누가 찻길에 뛰어든다면 어떡하지?

이건 굉장히 중요한 문제인데, 인공 지능이라도 판단하기 몹시 어려운 일이기 때문이야.

찻길에 사람이 뛰어들 때 자동차가 어떻게 하라고 프로그래밍해야 할까?

사람을 피해야지!

그랬다간 다른 차를 들이받을 거야. 난간을 들이받고 차 안의 사람이 다칠 거야.

하지만 차 안의 사람을 보호하는 게 먼저라고 프로그래밍해 두면, 찻길에 뛰어든 사람이 다치게 될 거야.

만약에 찻길에 뛰어든 게 사람이 아니라 강아지면 어떡하지?

휴, 사람 운전자도 신속하게 판단하기 어려운 일이야.

아직도 해결해야 할 문제가 남아 있지만 네가 어른이 되었을 때는 무인 자동차가 얼마든지 굴러다닐 거야. 어느 날 유인 자동차들이 사라지고 운전사 없는 무인 버스와 무인 트럭, 무인 자동차가 도로를 달려.

무인 자동차 시대에는 집집마다 자동차를 살 필요가 없어. 자동차 한 대를 여러 집이 돌려가며 쓰면 돼. 필요할 땐 폰으로 자동차를 호출해. 가까운 차고지에 대기하고 있다가 부르릉 달려와.

좋은 차를 사서 자랑하고 싶은 사람은 그렇게 하라지. 하지만 많은 사람들이 무인 자동차 시대가 오면 차를 사지 않겠다고 대답했어.

자동차가 줄면 매연이 줄고 석유 수입이 줄고 교통 체증이 줄고, 교통사고가 줄어! 빌딩에 주차장도 많이 필요 없어. 하지만 도로에는 자동차가 더 많이 돌아다닐 거야. 태우러 가는 차, 태우고 이동하는 차, 차고지로 돌아가는 차……. 차들이 10센티미터 간격으로 붙어서 다닐지 몰라! 그래도 사고 걱정이 없어!

14
사물 인터넷과 가상 현실

시계를 앞으로 돌려! 20년쯤 미래야!
인공 지능이 사람들 생활 속에 스며들어 실현되고 있어!
그런데 컴퓨터가 어디에 있지?

컴퓨터가 우표처럼 납작해. 컴퓨터가 작아지고 얇아져서
자동차, 도로, 건물의 벽과 지붕, 벽지, 옷, 안경, 거울, 종이,
알약, 신발, 의자 속으로 숨어 버렸어.

사물 인터넷이야!

건물과 물건들 속으로 컴퓨터 칩과 센서가 들어가. 서로서로 인터넷으로 연결돼. 키보드, 마우스, 모니터, 터치스크린 같은 건 필요 없어.

컴퓨터를 켜려고 전원을 넣고 조금이라도 멍하니 기다릴 필요가 없어. 인터넷을 검색하고 싶다면 눈을 깜빡여. 렌즈를 끼고 눈을 깜빡거리면 인터넷이 연결돼!

눈앞에 투명한 컴퓨터 스크린이 펼쳐져. 인공 지능 렌즈가 사람의 말을 알아듣고 명령대로 실행해.

'엄마가 뭐하고 있어?'

지금 화가 나서 너를 깨우러 오고 있어!

'여자 친구랑 이야기할 거야.'

오케이~ 스크린에 불러올게.

인공 지능과 함께 살기

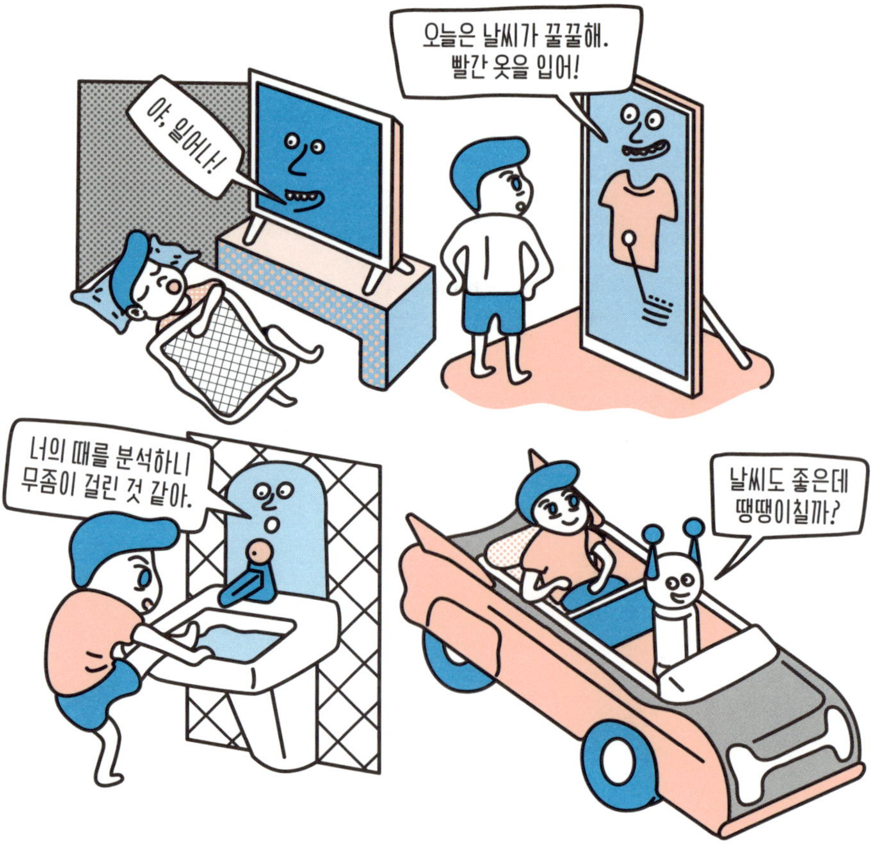

미래의 어느 날이야.

아침 7시. 사르르! 벽지 스크린이 켜지면서 인공 지능 비서가 나타나 너를 깨워.

랄랄라~ 기분 좋은 노래를 들려주고, 날씨를 알려 주고, 무슨 옷을 입을지 골라 줘. 어제와 다른 콘셉트로, 너의 컨디션과 날씨와 일정에 맞게!

이제 욕실에서 샤워를 해야지. 그동안 거울과 변기, 배수구에 장착된 인공 지능 센서들이 너의 입김과 오줌과 때 속에 들어 있는 분자들을 분석하고 있어. 너의 건강을 점검해서 암이나 다른 병의 징후가 있는지 살피는 거야.

샤워가 끝났어. 너는 명령만 해.

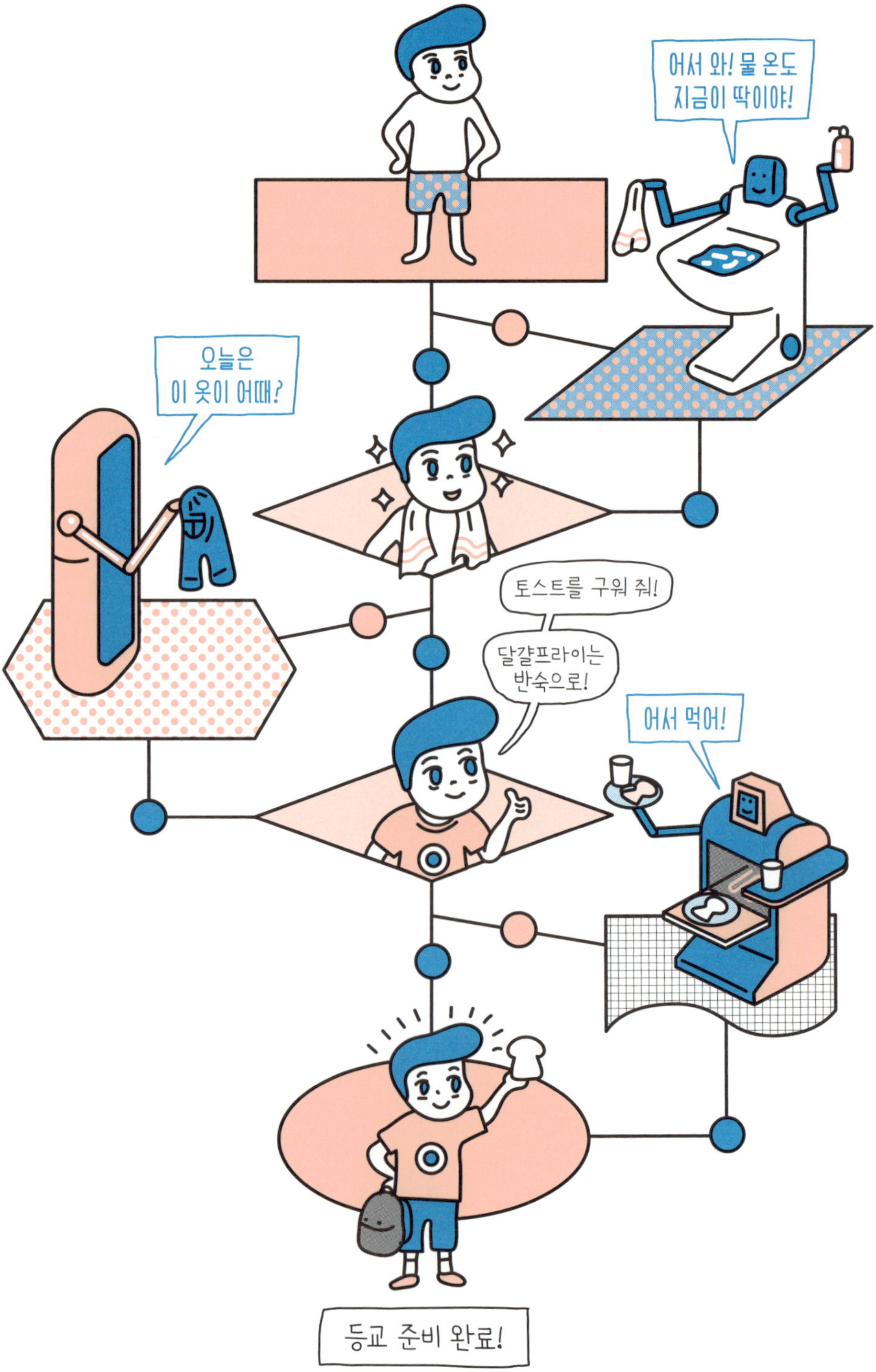
어서 와! 물 온도
지금이 딱이야!
오늘은
이 옷이 어때?
토스트를 구워 줘!
달걀프라이는
반숙으로!
어서 먹어!
등교 준비 완료!

네가 우유와 달걀프라이를 먹는 동안 인공 지능 비서가 일정을 알려 줘.

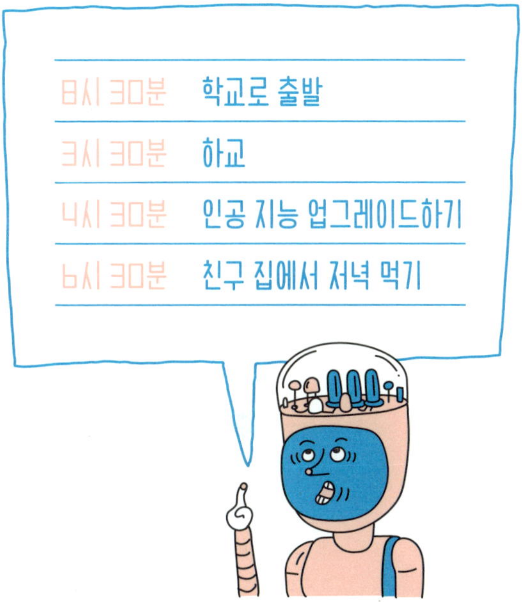

이제 집에 갈 시간이야. 자동차가 너를 태우러 와. 빵빵! 사물 인터넷이 실현된 세상이야! 인공 지능 칩이 온갖 사물에 탑재되어 너를 위해 척척 움직여 주고, 너를 관리해 줘. 지각하지 않고, 허둥대지 않고, 빠뜨리지 않고, 잊어버리지 않게 도와줘.

오늘은 휴일이야.

무얼 할까? 놀이동산에 갈까?

하지만 멀리 가는 건 피곤해. 집에서 재미있게 놀고 싶어.

그렇다면 마술 안경을 끼고 마술 장갑을 껴. 옷장에서

마술 코트도 꺼내 입어!

눈을 깜빡여.
꿈을 꾸듯,
컴퓨터가 만들어 놓은
가상 세계로 들어가!

'시작하시겠습니까?'

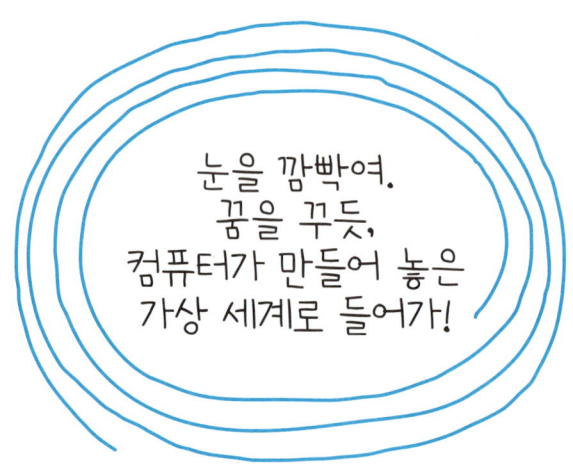

메시지가 뜨면 손가락을 허공에 올려 허락 버튼을 눌러!

어디로 가고 싶어? 무얼 하고 싶어? 현실에 있는 놀라운

장소와 현실에 없는 놀라운 장소 모두에 갈 수 있어!

"디즈니랜드!"

너무 시시하잖아!

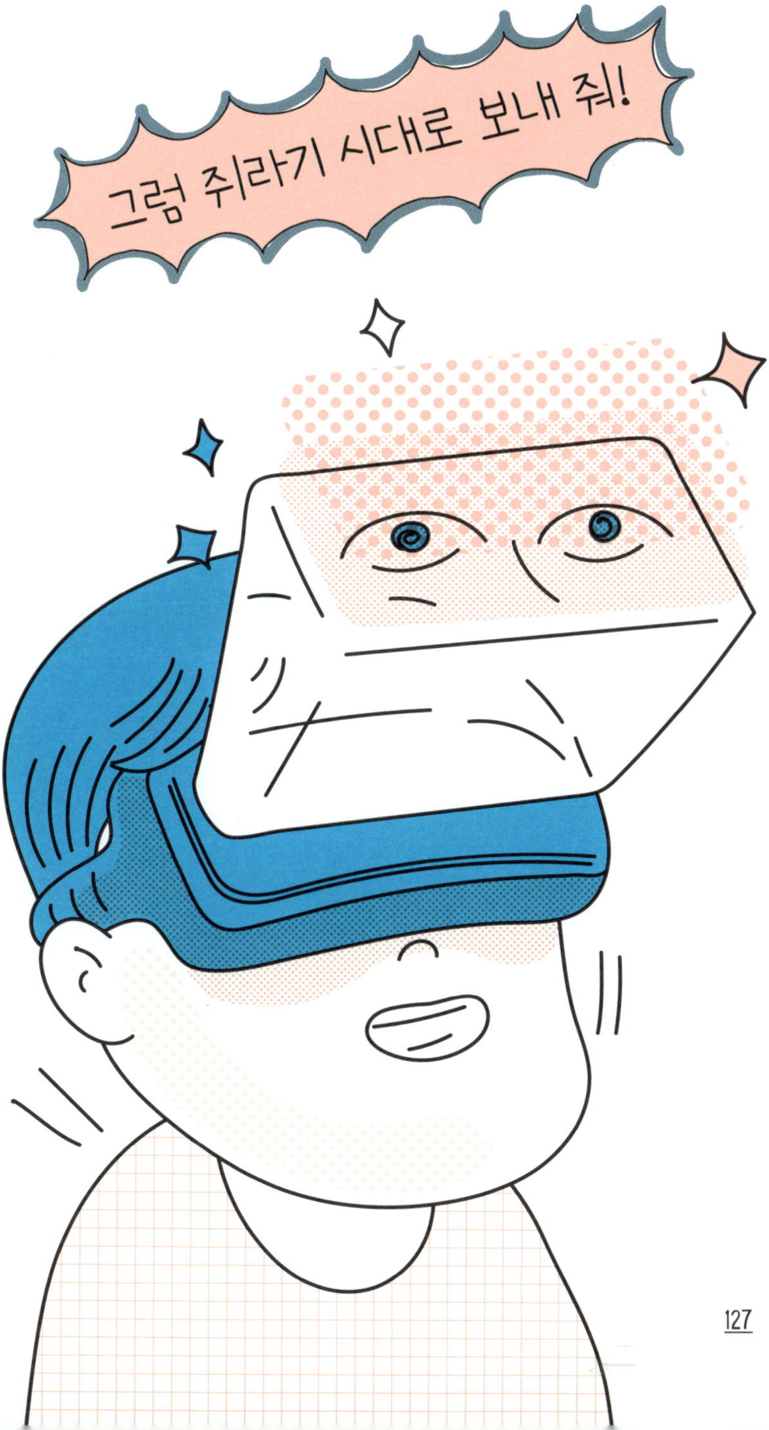
그럼 쥐라기 시대로 보내 줘!

좋아. 브라키오사우루스, 알로사우루스, 이구아노돈을 불러와!
하지만 오늘은 고독하게 행성의 표면 위를 걷는 게 어때?
화성에 가는 거야!
마술 안경과 마술 장갑과 마술 코트로 가상 세계에서 무언가를 보고 만지면, 그 정보가 안경과 장갑과 코트에서 너의 뇌로 전달돼. 네가 그곳에 정말로 있는 것처럼 가상 현실 세계를 느낄 수 있어.
미래에는 마술 안경과 장갑, 마술 코트도 필요 없을지 모르겠어. 의자에 앉아 머리에 작은 칩 하나만 부착해.
"나는 마술 안경과 장갑, 마술 코트가 더 좋아!"

하지만 휴…….

가상 현실을 만드는 작업은 생각보다 훨씬 복잡하고 까다로운 일이야.

상상해 봐.

네 앞에 커다란 스크린이 있어. 공룡이 나타나 너를 정면으로 보고 있어. 공룡이 그림이라면 너는 공룡의 뒷모습을 볼 수 없어. 하지만 이건 가상 현실이고, 너는 공룡을 앞에서 뒤에서 옆에서 이리저리 관찰하고 싶어.

그런데 이게 정말로 어려운 일이야. 컴퓨터는 네가 볼 공룡의 모습을 순간순간 계산해야 해. 네가 공룡을 둘러본다면 100분의 1초마다 너의 위치와 공룡의 모습을 복잡한 수학 함수로 알아내야 해. 100분의 1초를 넘어 버리면 공룡의 움직임이 뚝뚝 끊겨서 가상 세계에 도무지 몰입할 수 없어.

공룡이 한 발짝 움직이는 걸 보고 싶어?

"쿵쾅 소리도 듣고 싶어!"

그렇다면 또 어마어마한 수학 계산이 필요해!

크앙!
숙숙~
으악!

"공룡을 만져 볼 수 있어?"

있어! 그러려면 특별한 장갑을 착용해. 그건 마술 장갑이라 부를 만큼 놀라운 물건이지만 처음에 개발할 때는 너무나 커서 장갑이 거의 갑옷 같았어.

장갑 안쪽에는
촉감을 느낄 수 있는
기발한 장치가 붙어 있어.
실제로는 아무것도 만지지
않는데도 공룡의 울퉁불퉁한
피부를 느낄 수 있도록
해 주는 거야.

과학자들은 장갑 안쪽에 지름 1밀리미터도 되지 않는 조그만 금속 알을 빽빽하게 덧대어 금속 알의 높이를 미세하게 조절하는 방법을 궁리했어. 금속 알의 높이를 모두 똑같이 하면 매끄러운 느낌이 들고, 금속 알마다 교묘하게 높이를 달리하면 우둘투둘한 느낌이 들어!

공룡을 만지고 싶어? 고래를 만지고 싶어? 구름을 만지고 싶어? 만지고 싶은 물건에 따라 프로그램이 금속 알의 높이를 정교하게 조절해.

가상 현실 연구는 이제 시작이야. 아직 길고 어두운 동굴을 통과해야 하지만 동굴 끝에 새로운 세상이 있어!

15
인공 지능이 나를 지배한다

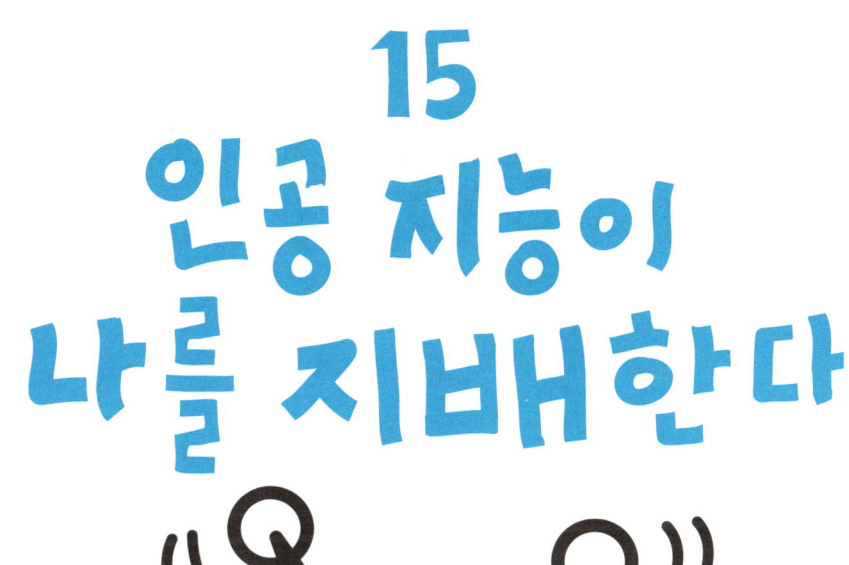

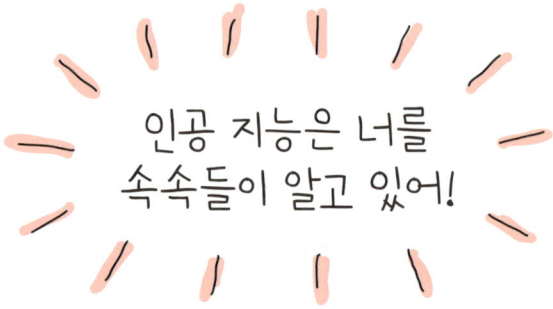

인공 지능은 너를 속속들이 알고 있어!

"무슨 말이야?"

네가 무얼 먹는지, 무얼 입는지, 무얼 좋아하는지 싫어하는지, 숨기고 싶은 버릇이 무엇인지!

미래에는 너의 하루하루 순간순간이 중앙 서버에 저장될 거야. 온갖 사물에 부착된 인공 지능 센서들이 너에 관한 정보들을 모두 슈퍼컴퓨터로 보내. 네가 SNS에 올린 중요하고 시시콜콜한 모든 것들이 지금도 슈퍼컴퓨터로 흘러 들어가는 것처럼 말이야.

슈퍼컴퓨터에 너에 관한 빅 데이터가 쌓여. 인공 지능이 디프 러닝 기술로 너에 관한 모든 데이터를 분석하고 판단해. 물론 인공 지능은 너를 관리하고 도와주기 위해 너를 알아야만 해. 하지만 왜 살짝 찜찜한 기분이 들지?
네가 잊어버린 일까지도 인공 지능은 기억하고 있어. 네가 미처 모르는 너의 모습까지도 알고 있을지 몰라.
어쩌면 너는 너 자신보다 인공 지능의 판단을 더 신뢰하게 될 거야. 기계의 판단은 너의 판단보다 냉철하고, 이성적이고, 객관적이라고 생각하기 때문이지.
"그럼 어떻게 되는데?"
사람들이 인공 지능에게 물어봐!

"내가 제일 잘하는 게 뭐야?"

"어떤 학교에 가는 게 좋겠어?"

"나에게 맞는 직업을 골라 줘!"

"나에게 딱 맞는 여자 친구를 소개해 줘!"

"나에게 가장 잘 어울리는 패션이 뭐야?"

시시콜콜 인공 지능에게 조언을 부탁해. 그럼 인공 지능이 가르쳐 줘!

당신의 데이터를 종합해 볼 때
당신은 이런 사람이므로
이렇게 하는 것이 탁월한 선택입니다!

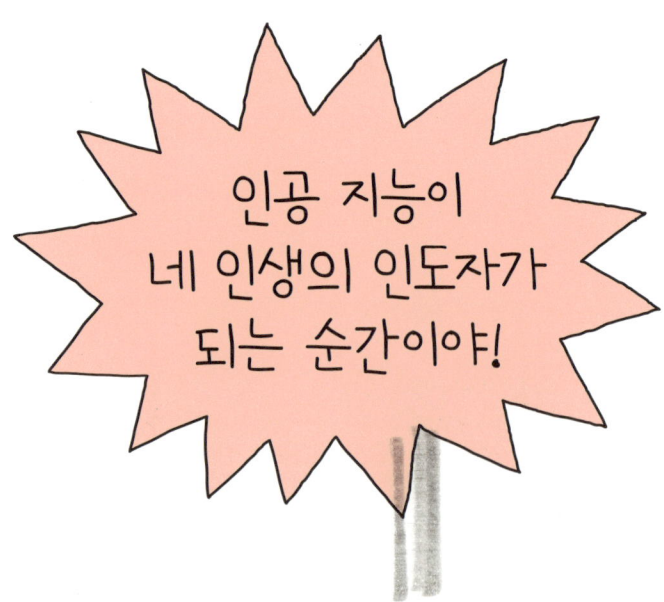

인공 지능이 네 인생의 인도자가 되는 순간이야!

미래의 어느 날 네가 한번은 진지하게 생각을 했으면 좋겠어. 인공 지능이 추천해 준 옷을 입다가, 인공 지능이 소개해 준 사람과 데이트를 하다가, 인공 지능이 하라는 일을 하다가 갑자기 머리를 흔들고, '어떻게 된 일이지? 무슨 일이 일어나고 있는 거지?' 하고 생각해 봤으면 좋겠어. 스스로 결정하는 자유를 잃는 대신 인생의 고민을 인공 지능에게 맡기고 더 편리해진 세상에 사는 것에 대해서…….

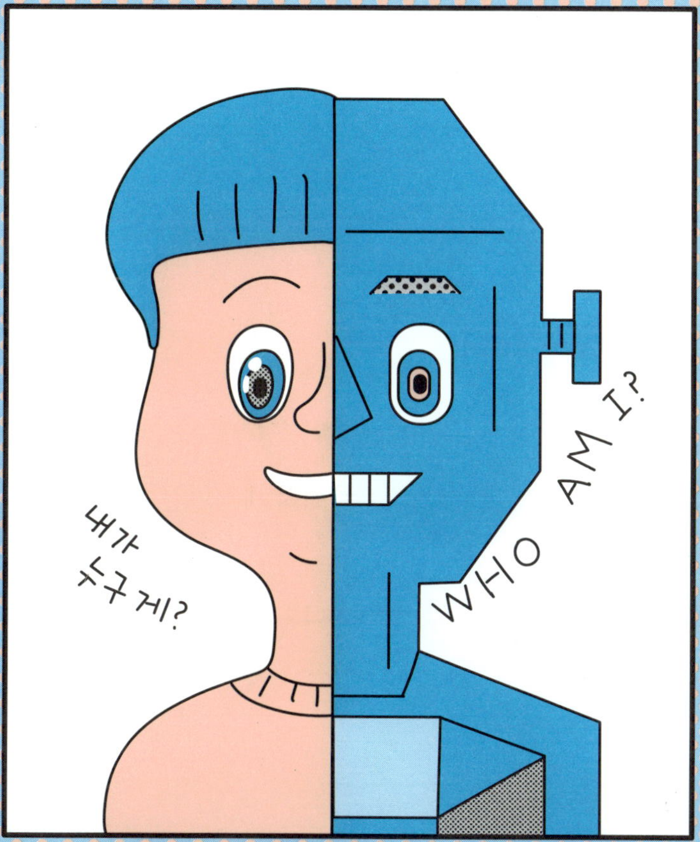
내가
누구게?
WHO AM I?

인공 지능이 실현될수록 사람은 무엇을 얻고 무엇을 잃게 될까? 인공 지능은 탁월하고 대단해. 마법 같은 일들을 일어나게 해. 인공 지능이 놀라운 일들을 할 수 있는 건 엄청난 데이터가 있고, 빠르게 분석할 수 있고, 스스로 학습할 수 있기 때문이야.

인공 지능은 전문가가 되어 인간의 일을 대신하고, 사물 인터넷과 가상 현실 세상을 가능하게 하고, 인간의 판단을 도와주고, 인간이 답을 찾지 못하는 어려운 문제들을 해결할 수 있어.

하지만 이렇게 대단한 인공 지능의 이름은 아직도 '약한' 인공 지능이야. 약한 인공 지능만으로도 세상은 놀랍게 변할 거야. 하지만 사람들은 더 강한 인공 지능에 매력을 느껴!

16
강한 인공 지능이 올까?

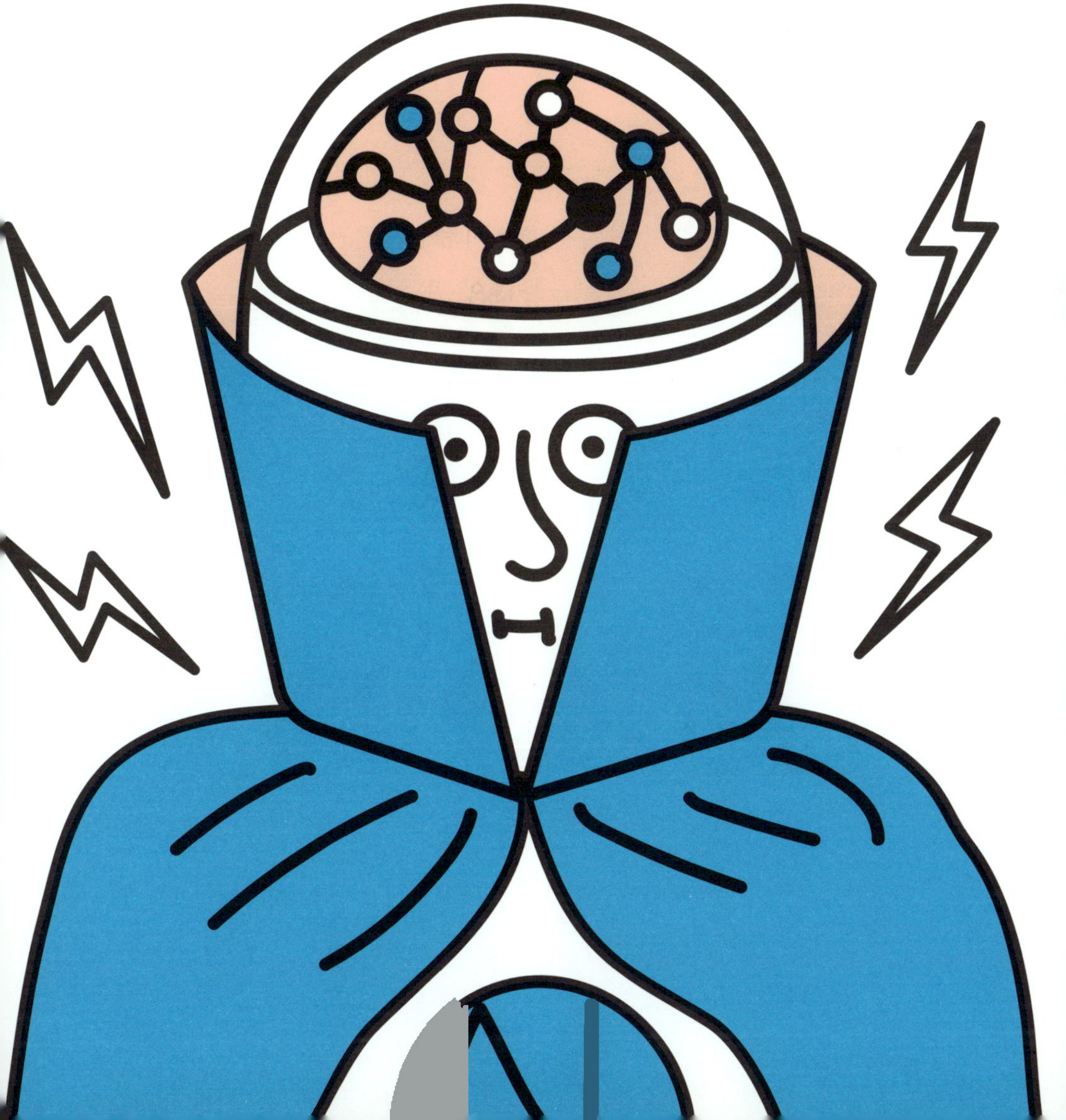

기계가 지능을 가질 수 있을까?

기계가 생각할 수 있을까?

컴퓨터의 아버지 앨런 튜링은 기계에게 지능이 생겨도 사람들이 믿지 않을 거라고 걱정했어!

'금속 덩어리가 지능을 가질 순 없어! 지능이 있으려면 뇌가 있어야 해. 컴퓨터에겐 뇌가 없잖아!'

그럴 줄 알고 튜링이 벌써 기계 지능 테스트를 생각해 두었어.

튜링 테스트는 단순해. 기계가 한 가지만 하면 돼.

인간을 속이기!

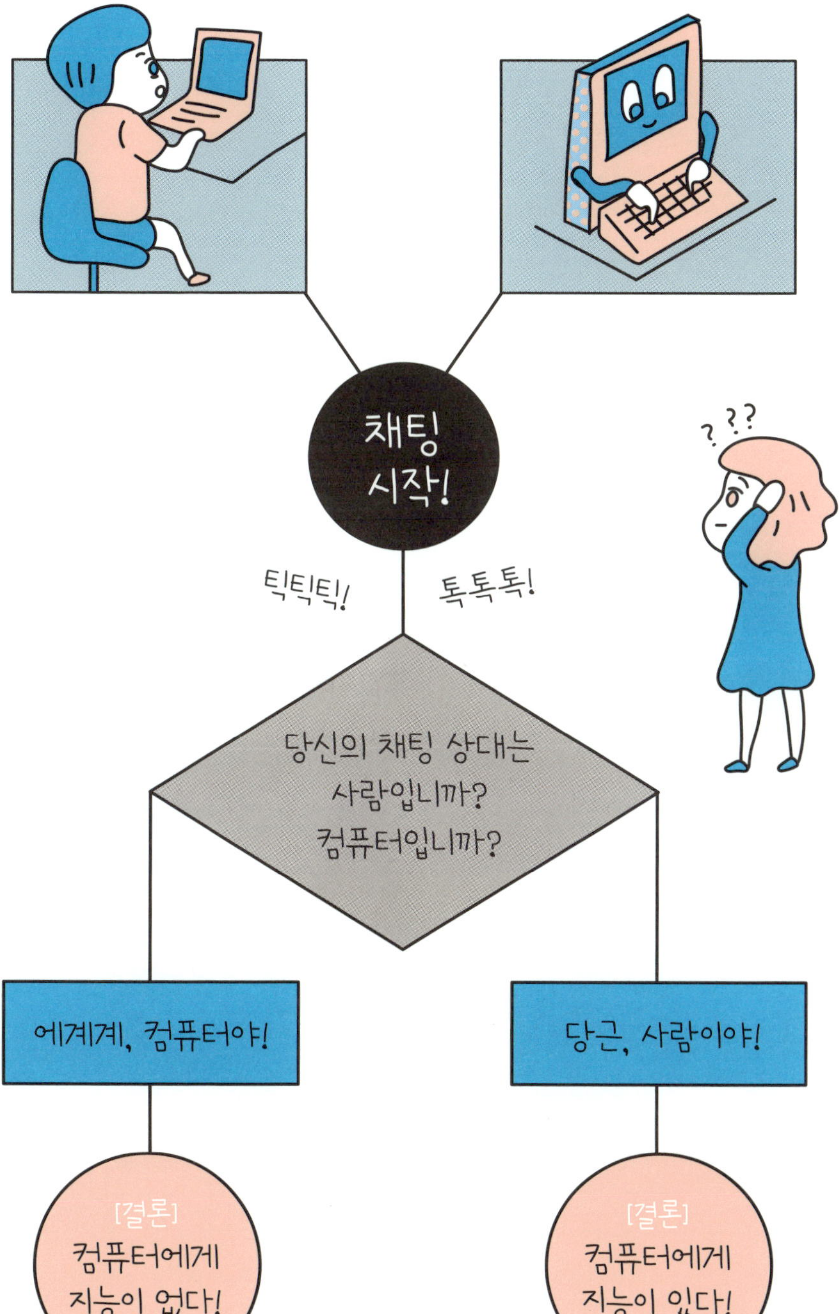
채팅 시작!
틱틱틱!
톡톡톡!
? ??
당신의 채팅 상대는 사람입니까? 컴퓨터입니까?
에계계, 컴퓨터야!
당근, 사람이야!
[결론] 컴퓨터에게 지능이 없다!
[결론] 컴퓨터에게 지능이 있다!

만약에 네가 그게 컴퓨터인지 모르고 컴퓨터와 대화한다면 너는 구별할 수 있을까?
아직까지 어떤 인공 지능도 완벽하게 튜링 테스트를 통과하지 못했어. 만약 인간을 속일 수 있는 인공 지능이 탄생한다면 그게 바로 **강한 인공 지능**일 거야.

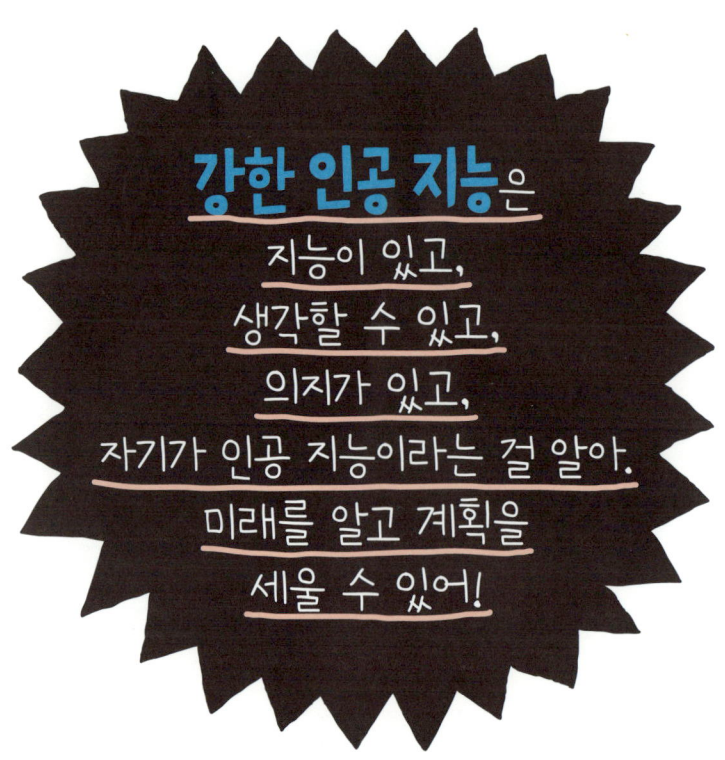

강한 인공 지능은
지능이 있고,
생각할 수 있고,
의지가 있고,
자기가 인공 지능이라는 걸 알아.
미래를 알고 계획을
세울 수 있어!

너 누구야?
그러니까 내가 오늘 뭘 했는지 알아?
종알 종알
zzz 뭔 말이야…
내가 누구게?
미..미숙이..

언제쯤 기계가 사람만큼 똑똑해질까?

인공 지능 연구자들도 강한 인공 지능에 대해서만큼은 조심스럽게 말해.

“음…… 말할 수 없어요. 500년쯤 지나면 그럴지도!”

“나는 100년이라 생각합니다만…….”

하지만 유명한 미래학자 레이 커즈와일 박사는 확신 있게 말해.

“2045년입니닷!”

강한 인공 지능이 올까?

온다!
온다!
온다!
언제 올지 모를 뿐!
여보세요? 그게 올까요? 안 올까요?
오든지 말든지 무슨 상관이람.
짜장
짬뽕
짜장
010101 010101 010101
구구구구
언제 끝나?
온다!
안 온다!
온다!
과학자
철학자

과학자들은 강한 인공 지능이
탄생할 거라고 믿고 있어.
단지 그때가 언제일지 모른다는 것뿐!

참고 문헌

대니얼 힐리스, 노태복 역, 《생각하는 기계》, 사이언스북스, 2006

리처드 파인만, 서환수 역, 《파인만의 엉뚱 발랄한 컴퓨터 강의》, 한빛미디어, 2006

레이 커즈와일, 김명남 · 장시형 역, 《특이점이 온다》, 김영사, 2007

로돌프 즐랭, 김성희 역, 《가상 현실이 어떻게 가능할까?》, 민음in, 2007

박정일, 《튜링 & 괴델: 추상적 사유의 위대한 힘》, 김영사, 2010

스티븐 베이커, 이창희 역, 《왓슨, 인간의 사고를 시작하다》, 세종서적, 2011

한스 모라벡, 박우석 역, 《마음의 아이들》, 김영사, 2011

미치오 카쿠, 박병철 역, 《미래의 물리학》, 김영사, 2012

잭 코플랜드, 이재범 역, 《앨런 튜링: 컴퓨터와 정보 시대의 개척자》, 지식함지, 2014

유신, 《인공 지능은 뇌를 닮아가는가》, 컬처룩, 2014

데릭 청, 에릭 브랙, 홍성완 역, 《전자 정복》, 지식의 날개, 2015

김대식, 《김대식의 인간 vs 기계》, 동아시아, 2016

제임스 배럿, 정지훈 역, 《파이널 인벤션》, 동아시아, 2016

닉 보스트롬, 조성진 역, 《슈퍼인텔리전스》, 까치, 2017

유발 하라리, 김명주 역, 《호모 데우스》, 김영사, 2017

아베 아야메 · 카사이 타쿠미, 이아름 역, 《튜링의 생각하는 기계》, 위즈플래닛, 2019

미래가 온다 시리즈는 공상이 아닌 과학으로
미래를 배우는 어린이 과학 교양서입니다.

---

01 **미래가 온다, 로봇**
김성화·권수진 글 | 이철민 그림

02 **미래가 온다, 나노봇**
김성화·권수진 글 | 김영수 그림

03 **미래가 온다, 뇌 과학**
김성화·권수진 글 | 조승연 그림

04 **미래가 온다, 바이러스**
김성화·권수진 글 | 이강훈 그림

05 **미래가 온다, 인공 지능**
김성화·권수진 글 | 이철민 그림

06 **미래가 온다, 우주 과학**
김성화·권수진 글 | 김영곤 그림

07 **미래가 온다, 게놈**
김성화·권수진 글 | 조승연 그림

08 **미래가 온다, 인공 생태계**
김성화·권수진 글 | 김진화 그림

09 **미래가 온다, 미래 에너지**
김성화·권수진 글 | 이철민 그림

10 **미래가 온다, 서기 10001년**
김성화·권수진 글 | 최미란 그림

11 **미래가 온다, 플라스틱**
김성화·권수진 글 | 백두리 그림

12 **미래가 온다, 기후 위기**
김성화·권수진 글 | 허지영 그림

13 **미래가 온다, 신소재**
김성화·권수진 글 | 권송이 그림

14 **미래가 온다, 스마트 시티**
김성화·권수진 글 | 원혜진 그림

15 **미래가 온다, 매직 사이언스**
김성화·권수진 글 | 백두리 그림

16 **미래가 온다, 심해 탐사**
김성화·권수진 글 | 김진화 그림

17 **미래가 온다, 탄소 혁명**
김성화·권수진 글 | 백두리 그림

18 **미래가 온다, 메타버스**
김성화·권수진 글 | 이철민 그림

19 **미래가 온다, 미래 식량**
김성화·권수진 글 | 박정섭 그림

20 **미래가 온다, 대멸종**
김성화·권수진 글 | 이철민 그림